会計仕訳と税務仕訳の対比で分かりやすい

純資産の部

税理士 武智 寛幸／税理士 村井 淳一
税理士 土師 秀作／税理士 西山 卓
共著

税務研究会出版局

はしがき

近年、中小企業においても、自己株式の取得や組織再編を行うケースが多くなっていると聞くところです。

しかし、これら「純資産の部」に変動が生ずる取引、いわゆる資本等取引は、関連する条文が難解であり、また、市販の解説書もその多くは一読では理解の難しいものとなっていると思います。

そこで、今まで理解できなかった項目についても『なるほど！』と感じられる日本一分かりやすい純資産の部の解説書を目指して、本書を執筆しました。別表五㈠の構造の解説に始まり、増資・減資・配当はもちろん、自己株式や組織再編までを網羅しています。説明の対象とする法人は、中小企業に該当する株式会社を前提としました。

取引当事者のそれぞれの立場毎に、会計上の仕訳と税務上の仕訳を対比することで、どのように会計処理をすべきか、また、税務上の処理はどうすべきかを分かりやすく解説しています。さらに、会計仕訳と税務仕訳の差異について必要となる調整仕訳を示した上で、別表四と別表五㈠の記載方法について具体例を用いて解説することで、いずれの項目についても『なるほど！』と理解していただけると思います。

第一章の「別表五㈠の仕組み」では、純資産の部を理解するために欠かせない基本的な仕組みを解説しています。

第二章の「増資」では、有償増資・無償増資に加えてデッド・エクイティ・スワップについても解説しています。

第三章の「減資」では、無償減資と法定準備金の取り崩しについて解説しています。

第四章の「配当」では、利益剰余金の配当と資本剰余金の配当のほか、みなし配当についても解説しています。

第五章の「自己株式」では、自己株式の取得・処分・消却といった各取引について、取得した側の会計・税務・調整、売却した側の会計・税務・調整をセットで解説しています。また、相続人が取得した株式を発行法人へ売却する場合の取引についても解説しています。

第六章の「組織再編税制」では、合併・分割型分割・分社型分割・株式交換・現物分配について、「非適格」に該当する場合と「適格」に該当する場合のそれぞれについて解説しています。

なお、本書では制度ごとの通常の目次の他に「逆引き目次」を巻末に備えています。検討している事項について、どのような手法があるのかを確認できるようになっており、そこから関連する制度を検索できますので、ぜひご活用ください。

最後に、本書の執筆にあたり企画段階から編集までご助言をいただき、ご尽力くださいました株式会社税務研究会の堀直人様、森貞嘉也様、谷口俊介様にこの場を借りて心より感謝申し上げます。

令和６年５月

武智　寛幸

目　次

凡例

法法	法人税法
法令	法人税法施行令
法基通	法人税基本通達
所法	所得税法
所令	所得税法施行令
所基通	所得税基本通達
相基通	相続税法基本通達
措法	租税特別措置法
措通	租税特別措置法関連通達
会法	会社法
会則	会社法施行規則
会計規	会社計算規則
企業会計基準第１号	自己株式及び準備金の額の減少等に関する会計基準
適用指針	企業結合会計基準及び事業分離等会計基準に関する適用指針（企業会計基準適用指針第10号）

第1章

純資産の部一般

Ⅰ　別表五(一)の構造

別表五(一)は「税務上の貸借対照表」と位置づけられ、特に法人の純資産の部について記載するものとなります。具体的には、別表五(一)は「利益積立金額の計算に関する明細書」（別表五(一)Ⅰ）と「資本金等の額の計算に関する明細書」（別表五(一)Ⅱ）の二つから構成されています。別表五(一)は、税務上の利益積立金額と資本金等の額の期中の異動状況を示し、それらの期末の残高を計算するために作成されるものです。別表五(一)は、主に純資産の部における会計と税務の認識のズレを記録した明細書となっています。また、所得計算を行う別表四との関係を記録する機能も有しています。

会計と税務の認識のズレは、会計と税務の目的の違いにより生じています。

会計……企業の適正な経営成績と財政状況の把握（投資者保護）
税務……課税所得の適正な算出（課税の公平）

資本と利益との関係では、会計よりも税務の方がその峻別を厳密に行っています。

Ⅱ　別表五㈠Ⅰの構造（利益剰余金と利益積立金額の相違）

別表五㈠Ⅰは「利益積立金額の計算に関する明細書」となっており、税務上の利益積立金額の期末残高を計算するための明細書となっています。

利益積立金額とは、所得の金額のうち留保している金額をいい（法法２十八、法令９）、法人の設立から現在までに留保した金額の合計額となります。会計上の利益剰余金は「利益準備金」と「その他利益剰余金」から構成され、企業に内部留保されている利益のことを指します。

利益積立金額と利益剰余金とは類似の概念ですが、必ず金額が一致するわけではなく、会計上の利益と税務上の所得金額との認識基準の差異などにより金額が異なることがあります。別表五㈠Ⅰは、会計上の利益剰余金に税務調整の内容を追加して記載することにより、利益積立金額を算出する構造となっています。

1　会計と税務が一致する部分（別表五㈠Ⅰ）

会計の貸借対照表の純資産の部の項目（利益剰余金と資本金及び資本剰余金）の期中の変動については、株主資本等変動計算書に記載されます。別表五㈠Ⅰには、これらの項目の変動については株主資本等変動計算書の金額をそのまま転記します。したがって、別表五㈠Ⅰの④の欄（期末残高）はこれらの項目の貸借対照表の残高と一致します。

納税充当金は会計上の「未払法人税等」を指しますが、税務上は負債とは認められずに純資産に含められて利益積立金額を構成することになります。

別表五(一)Ⅰ．利益積立金額の計算に関する明細書

区　分	期首現在 利益積立金額	当期の増減		差引翌期首現在 利益積立金額
		減	増	
	①	②	③	④
利益準備金				
積立金				
繰越損益金				
納税充当金				

2 別表四と連動する部分（別表五(一)Ⅰ）

別表四では、企業会計上の利益と税務上の所得金額の差異について、申告調整項目として、企業会計上の「当期純利益」に調整を加えて税務上の所得金額を算出しています。別表四の「処分」欄は「留保」と「社外流出」に分かれていますが、そのうち「留保」欄に記載される項目が別表五(一)Ⅰ「利益積立金額の計算に関する明細書」の「当期の増減」欄と連動する項目となります。

留　　保……所得の増減とともに利益積立金額も増減する項目 社外流出……所得は増減するが利益積立金額には影響のない項目

「留保」に記載される調整項目は主に会計上と税務上の損益認識時点のズレとなりますので、そのズレは将来的に解消されるものとなります。反対に「社外流出」に記載される調整項目におけるズレは将来的に解消されるものではありません。

別表四

区　分		総　額	処分	
			留　保	社外流出
当期利益又は当期欠損の額				
加　算				
減　算				
所得金額又は欠損金額				

別表五㈠Ⅰ．利益積立金額の計算に関する明細書

区　分		期首現在利益積立金額	当期の増減		差引翌期首現在利益積立金額
			減	増	
		①	②	③	④
利益準備金					
積立金					
繰越損益金					
納税充当金					
未納法人税等	未納法人税	△	△	△	△
	未納道府県民税	△	△	△	△
	未納市町村民税	△	△	△	△
差引合計額					

申告調整項目には、以下の４種類のものがあります。

加算	損金不算入項目	○費用　×損金	減価償却超過額 交際費等の損金不算入 寄附金の損金不算入　など
	益金算入項目	×収益　○益金	売上高計上もれ 引当金の取崩不足　など
減算	益金不算入項目	○収益　×益金	受取配当等の益金不算入 法人税等の還付金　など
	損金算入項目	×費用　○損金	売上原価計上もれ 収用等の所得の特別控除　など

別表四においては、これらを損益計算書の当期利益に加算又は減算することによって調整を行い、法人税の課税所得を計算します。

また、申告調整項目には法人の課税所得の計算に当たって、必ず調整を行うべき絶対的調整項目と法人が任意で調整するかどうかを判断する相対的調整項目の２種類があります。これらの代表的な項目は以下となります。

絶対的調整項目	受贈益の益金不算入（法法25の２） 還付金等の益金不算入（法法26） 役員給与の損金不算入（法法34） 寄附金の損金不算入（法法37） 法人税額等の損金不算入（法法38） 欠損金の損金算入（法法57、57の２） 交際費等の損金不算入（措法61の４）　など
相対的調整項目	受取配当等の益金不算入（法法23） 外国子会社から受ける配当等の益金不算入（法法23の２） 民事再生計画等による評価益の益金算入（法法25③） 民事再生計画等による評価損の損金算入（法法33④） 外国子会社から受ける配当等に係る外国源泉税等の損金不算入（法法39の２）　など

3　別表四と連動しない部分（別表五㈠Ⅰ）

別表五㈠Ⅰの下部には未納法人税等の欄があります。未納法人税等の欄には、所得処分としての性格を持つ法人税（地方法人税を含みます。）と住民税（都道府県民税と市町村民税）を、利益積立金額からの控除項目として△を付けて記載します（法令９①一カ）。つまり、利益積立金額は「税引後の留保所得」を意味していることとなります。なお、事業税は納税申告書を提出した事業年度で損金算入されますので、所得処分としての性格を持つ他の税目とは異なり、未納法人税等として控除はされません。しかし、確定分の事業税を未払計上したときには損金不算入となりますので、「納税充当金」として利益積立金額に計上されることになります。

別表五㈠Ⅰの「当期の増減」の②減と③増の欄は基本的に別表四の留保欄よ

り転記されるのですが、未納法人税等の③増の欄は別表四とは関係なく、中間申告額と確定申告額を記載することとなります。また、②減の欄は別表四の留保欄と連動はしているものの個別に転記するわけではありませんので注意が必要です。②減の欄には未納法人税等の期中納付額（通常は前期未納税額①と中間申告額③上段の合計額）を記載することになります。

そして、未納法人税等の差引翌期首現在利益積立金額④欄には、通常は確定申告額③下段の金額と同額を記載します。

別表五㈠Ⅰ．利益積立金額の計算に関する明細書　（単位：千円）

区分		期首現在利益積立金額	当期の増減		差引翌期首現在利益積立金額
			減	増	
		①	②	③	④
未納法人税等	未納法人税	△4,000	△6,500	中間　△2,500 確定　△3,000	△3,000
	未納道府県民税	△200	△330	中間　△130 確定　△150	△150
	未納市町村民税	△600	△970	中間　△370 確定　△400	△400
差引合計額					

4　純資産の部の内部での振替（別表五㈠Ⅰ）

会計上の資本と利益の区分の概念と、税務上の資本と利益の区別の概念は類似するものの、その両者は必ずしも一致しません。純資産の部を全体でみた場合、すなわち、資本と利益を合算でみた場合、会計と税務とでズレが生じていない場合でも、資本と利益の線引き自体に相違がある場合には、純資産の部の内部でこれを修正する必要があります。

別表五㈠は、**1** のとおり、株主資本等変動計算書の金額がそのまま転記されることで、一旦税務上の資本と利益（資本金等の額と利益積立金額）が計算されますが、これは、会計と税務にズレがないことを前提とした転記です。したがって、これを修正するための税務調整（振替処理）が必要な場合があります。

別表五㈠Ⅰ．利益積立金額の計算に関する明細書

区　分	期首現在 利益積立金額	当期の増減		差引翌期首現在 利益積立金額
		減	増	
	①	②	③	④
利益準備金				
資本金等の額			△××	
差引合計額				

別表五㈠Ⅱ．資本金等の額の計算に関する明細書

区　分	期首現在 資本金等の額	当期の増減		差引翌期首現在 資本金等の額
		減	増	
	①	②	③	④
資本金又は出資金				
資本準備金				
利益積立金額			××	
差引合計額				

別表五㈠Ⅰに記載される各項目は、

①　会計と税務が一致する部分

②　別表四と連動する部分（会計と税務の資産負債のズレ）

③　納付することとなる法人税等（別表四と連動しない部分）

④　別表五㈠ⅠとⅡの内部での振替

の４つに分類して整理することができます。

一方、組織再編成等があった場合には、上記①～④に属することなく、ダイレクトに純資産の部が変動します。この組織再編成等によってダイレクトに変動する利益積立金額及び資本金等の額の異動を、別表五㈠では「※」を付して表現する方法が広く紹介されています。本書も、その方式に倣った記載方法を紹介しています。

5 別表四と別表五㈠の検算

別表五㈠の左側の欄外には、別表五㈠の数字が正しいかどうかを確認するための検算式が以下のように記載されています。

	期首現在利益積立金額合計「31」①	A
＋	別表四留保所得・欠損金額「52」	B
－	中間・確定未納法人税等合計額	C
±	中間・確定未払通算税効果額	D
＝	差引翌期首現在利益積立金額合計「31」④	E

上記検算式の各数値は次ページの別表四、五㈠Ⅰのとおりとなります。

別表四

区　分			総　額	処分	
				留　保	社外流出
当期利益又は当期欠損の額					
加　算					
減　算					
所得金額又は欠損金額		52		B	

別表五㈠Ⅰ．利益積立金額の計算に関する明細書

区　分			期首現在 利益積立金額	当期の増減		差引翌期首現在 利益積立金額
				減	増	
			①	②	③	④
利益準備金		1				
積立金		2				
繰越損益金		25				
納税充当金		26				
未納法人税等	未納法人税	27	△	△	△C	△
	未払通算税効果額	28	△	△	△D	△
	未納道府県民税	29	△	△	△C	△
	未納市町村民税	30	△	△	△C	△
差引合計額		31	A			E

上記の検算式は通常の場合には一致しますが、中間納付額の還付金がある場合やグループ法人税制の寄附修正がある場合などには、一致しないことがありますので、ご注意ください。

Ⅲ 別表五㈠Ⅱの構造（資本剰余金と資本金等の額の相違）

別表五㈠Ⅱは「資本金等の額の計算に関する明細書」となっており、税務上の資本金等の額の期末残高を計算するための明細書となっています。

資本金等の額とは、株主等から出資を受けた金額をいいます（法法２十六、法令８）。資本金等の額は会計上の「資本金」と「資本剰余金」を合計した概念となり、両者の金額は一致することが多いのですが、欠損填補、自己株式の取得、組織再編成による増減などの特殊な取引を行ったときには、認識基準のズレにより両者の金額が異なることがあります。別表五㈠Ⅱは、会計上の資本金と資本剰余金に税務と会計の認識の相違部分を追加して記載することにより、資本金等の額を算出する構造となっています。

別表五㈠Ⅱは株主資本等変動計算書と結びつきが強く、別表四とは直接的には関連はありません。

1 会計と税務が一致する部分（別表五㈠Ⅱ）

会計の貸借対照表の純資産の部の項目（利益剰余金と資本金及び資本剰余金）の期中の変動については、株主資本等変動計算書に記載されます。

別表五㈠Ⅱの「資本金等の額の計算に関する明細書」においては、「資本金」と「資本準備金」の期中の増減は株主資本等変動計算書よりそのまま転記することになり、④欄の金額は基本的に貸借対照表の金額と一致します。

2 資本金等の額との振替（別表五㈠Ⅱ）

税務における資本金等の額は株主等から実際に拠出してもらった金額となっています。欠損填補などの特殊な処理を行った場合に、会計と税務の認識基準のズレが生じたときには追加で別表に記載することになります。

資本金等の額は、法人住民税の均等割額や事業税の外形標準課税における計算の基準となります。

株主資本等変動計算書

自　令和6年4月1日　　至　令和7年3月31日

株式会社　○○　　(単位：千円)

	株主資本								
	資本金	資金剰余金			利益剰余金				株主資本合計
		資本準備金	その他資本剰余金	資本剰余金合計	利益準備金	その他利益剰余金		利益剰余金合計	
						別途積立金	繰越利益剰余金		
当期首残高	3,000			0	0	0			3,000
当期変動額									
増資	1,000			0					1,000
当期純利益金額									
当期変動額合計	1,000		—	0	—	—			1,000
当期末残高	4,000	0	0	0	0	0			4,000

別表五(一)Ⅱ．資本金等の額の計算に関する明細書　(単位：千円)

区分	期首現在資本金等の額	当期の増減		差引翌期首現在資本金等の額
		減	増	
	①	②	③	④
資本金又は出資金	3,000		1,000	4,000
資本準備金				
差引合計額				

第2章

増資

Ⅰ　増資の概要

増資とは会社の資本金を増やすことをいい、増資には大きく分けて金銭等の払込みを伴う有償増資と金銭等の払込みを伴わない無償増資とがあります。

1　増資が行われる場合

増資を必要とするケースには様々なものがありますが、典型的なものとして以下のような場合が挙げられます。

・資金の調達がしたい場合（有償）
・資本金の額を増やして対外的な信用力を強化したい場合（有償・無償）
・建設業の許可の関係で資本金を増額したい場合（有償・無償）
・特定の企業と資本提携をして関係を強化したい場合（有償）
・借入金を資本金に振り替えて（DES[1]）財務内容を良くしたい場合（無償）
・剰余金を資本金に振り替えて「配当可能利益」を減少させたい場合（無償）

増資をすることによって、持ち株比率が減少して支配力が低下したり、税制優遇が受けられなくなったり、均等割が増加したりする場合もありますので、その点には注意が必要となります。

2　発行済株式総数との関係

増資は資本金の額を増加させる行為ですが、増資をしたからといって必ず発行済株式数が増加するわけではありません。例えば、新株の発行による増資であれば発行済株式数は増加します（会法199①五）が、資本準備金の資本組入れなどの無償増資のみを行う場合には株式の発行はしませんので、発行済株式数に変更はありません。

1　Debt Equity Swap（デッド・エクイティ・スワップ）の略称であり、「債務の資本化」を指します。DESについては本章Ⅳ（40頁）を参照してください。

発行済株式数を増加させる行為としては、新株の発行以外にも、株式の分割（会法183）と株式無償割当て（会法185）があります。

なお、会社の「発行可能株式総数」は定款に定められており、登記事項にもなっておりますので、発行済株式数を増加させるときには、事前に増加後の発行済株式総数が発行可能株式総数を上回ることがないかどうか確認をし、不足する場合には定款を変更して発行可能株式総数を増加する必要があります。

(1)　株式の分割

株式の分割とは既に発行されている株式を複数の株式に分割する行為のことを指します。分割は整数倍で行われるとは限らず、1株を1.5株にするような分割がされることもあります。株式の分割のみを行った場合には、株主の所有株式数は増加しますが会社の資本金の額には変更がないため、基本的に株価の総額は変わりません。例えば、1株を2株に分割した場合では、株式数は倍となりますが、資本金の額は変更がないため1株の株価は分割前の半額になります。

株式の分割は、主に次の場合に利用されます。

- 1株当たりの単価を下げ、株式の流動性を高めたい場合
- 合併比率や交換比率を調整したい場合

2014年1月にスタートしたNISA（少額投資非課税制度）は2024年1月より新制度となりましたが、1年間の投資金額に上限がありますので、NISAの対象となるように株式分割を行っている会社もあるようです。

(2)　株式無償割当て

株式無償割当てとは既存の株主に対して無償で株式を割り当てる行為のことを指します。株式の分割と異なる点は、既発行の株式と種類の異なる株式を交付することができること、特定の種類株主のみに株式を交付できること、自己株式に対しては割当てすることができないこと、株式の交付に自己株式を活用できること、などが挙げられます。

株式無償割当ては、株式の分割と同様の目的以外に上記の特徴から、主に次のような場合に利用されます。

・既発行の株式と種類の異なる株式を交付したい場合
・特定の種類株主のみに株式を発行したい場合
・株式の発行に自己株式を活用したい場合

株式の分割や株式無償割当ては無償で行われるため、この取引によって法人税の対象となる所得は発生しません。また、貸借対照表においても株式の新規発行によりこれらの行為が行われた場合には、純資産の部の金額に影響はありません。ただし、無償株式割当てを自己株式の処分により行われた場合は、自己株式の帳簿価格をその他資本剰余金から控除する必要があり、純資産の部の金額に影響を与えることになりますので、注意が必要です。

Ⅱ 有償増資

金銭又は金銭以外の財産の払込みを伴う増資を有償増資といい、その方法としては、公募増資、株主割当増資、第三者割当増資、の３種類があります。

1 公募増資

公募増資とは、広く一般の不特定多数の投資家に対して新株を発行して行う増資をいい、上場企業などの株式を公開している会社の行う資金調達の方法となります。したがって、未公開会社は一般には行いません。

2 株主割当増資

株主割当増資とは、既存の株主に対して持株の割合に応じて新株を発行して行う増資をいいます。増資に応じるかどうかは株主が決めます。既存株主全員が増資に応じれば、株主の構成や議決権の割合は増資後も変わりません。したがって、この場合には新株の発行価額が時価よりも有利な価額であったとしても、税務上、課税関係は生じません。

株主割当増資のメリットとしては、株主構成や持ち分比率を変えることなく資金調達ができることが挙げられます。

ただし、既存株主のなかに増資に応じない株主がいた場合には、増資後の株式の持分割合は変動することになります。この場合には株主割当増資ではなく、3の第三者割当増資（20頁）となります。

株主割当増資

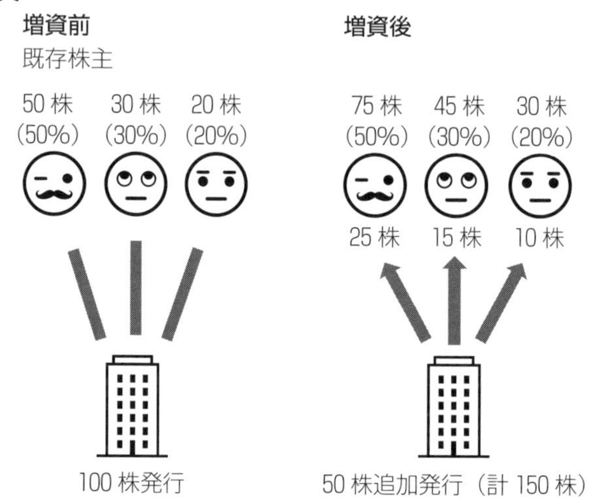

株主の持分比率を変更せずに株式を割り当てます。

(1)　手続き（非公開会社を前提とする）

株主割当増資に関する主な手続きは以下となります。

①　発行可能株式総数の変更の要否の調査

新株発行の際には定款に定めた「発行可能株式総数」の範囲内での発行であるかどうかの確認が必要となります。「発行可能株式総数」を増加させる場合には、定款の変更となりますので、株主総会の特別決議によることが求められます。

②　決議機関

原則として株主総会の特別決議によって、募集事項の内容を決めるための決議を行います（会法199、309②五）。非公開会社の場合は、定款に特別な定めがあれば、取締役や取締役会が決定機関となることができます（会法202③一、二）。

【決議事項】

- 募集株式の数
- 募集株式の払込金額
- 現物出資の場合は、その旨ならびにその財産の内容及び価額
- 払込期日又は払込期間
- 新株を発行するときは、増加する資本金及び資本準備金に関する事項
- 株主に対して、申込みをすることにより募集株式の割当てを受ける権利を与える旨
- 募集株式の引受けの申込期日

③　募集株式の引受けの申込み

募集に応じて募集株式を引き受ける既存株主が申込みをします。

④　出資の履行

申込み後、募集株式を引き受ける既存株主が払込期日に払込金額の全額を払い込みます。株主割当増資の場合は、申込みをした者に対して自動的に株式を割り当てることになるので、株式の割当ての決定は不要となります。

⑤　登記

資本金の額に変動があった場合には、２週間以内に資本金の額の変更登記が必要です（会法911③五、915)。

⑥　税務署等への届出

資本金の額が増加した場合には、税務署、都道府県税事務所、市町村役場に異動届出書を提出する必要があります。

3 第三者割当増資

第三者割当増資とは、特定の第三者に新株を発行して行う増資をいいます。通常は、取引先、従業員、持株会、特定の既存株主などが対象となります。第三者割当増資を行った場合には、通常は株主構成や持株割合が変動することになりますが、新株を時価により発行する場合には課税関係は生じません。しかし、新株を時価よりも有利な価額で発行し、株主構成や持株割合が変動している場合には、株主間で利益が移転しますので課税関係が生じる可能性があります（後述、4 具体例(2)（23頁）参照）。

第三者割当増資

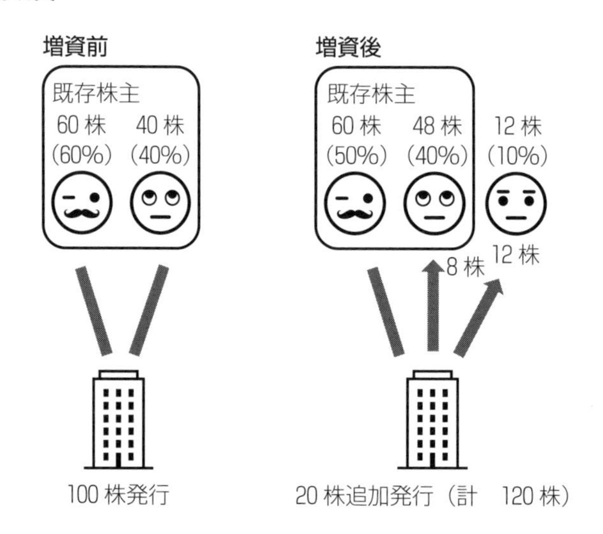

新規株主に株式が発行された場合には、既存株主の持株比率が低下します。

(1) 手続き（非公開会社を前提とする）

第三者割当増資に関する主な手続きは以下となります。

① 発行可能株式総数の変更の要否の調査

新株発行の際には定款に定めた「発行可能株式総数」の範囲内での発行であ

るかどうかの確認が必要となります。「発行可能株式総数」を増加させる場合には、定款の変更が必要となりますので、株主総会の特別決議によることが求められます。

②　決議機関

原則として株主総会の特別決議によって、募集事項の内容を決めるための決議を行います。ただし、株主総会の決議によって取締役や取締役会に委任することができます。その場合には委任に基づき決定することができる募集株式の数の上限及び払込金額の下限を定める必要があります（会法200①）。

【決議事項】

・募集株式の数
・募集株式の払込金額
・現物出資の場合は、その旨ならびにその財産の内容及び価額
・払込期日又は払込期間
・新株を発行するときは、増加する資本金及び資本準備金に関する事項

③　募集株式の引受けの申込み

募集に応じて募集株式を引き受ける者が申込みをします。

④　新株割当ての決議

第三者割当増資の場合は、申込者の中から割当てを受ける者と募集株式数を定める必要があります。

⑤　出資の履行

申込み後、募集株式を引き受ける者が払込期日に払込金額の全額を払い込みます。

⑥　登記

資本金の額に変動があった場合には、２週間以内に資本金の額の変更登記が必要です（会法911③五、915）。

⑦　税務署等への届出

資本金の額が増加した場合には、税務署、都道府県税事務所、市町村役場に異動届出書を提出する必要があります。

4　具体例（第三者割当増資の場合）

有償による新株の発行によって増資をした場合の処理を確認します。

なお、株主割当増資では課税関係が生じませんので、第三者割当てのケースとします。

(1)　新株を時価で発行した場合

【前提】新たに10,000千円の払込みを受け、そのうち5,000千円を資本金に、残り5,000千円を資本準備金に計上

・増資前資本金　10,000千円

①　増資する法人の処理

(イ)　会計処理

借方	金額	貸方	金額	
現　預　金	10,000	資　本　金	5,000	A
		資本準備金	5,000	B

(ロ)　税務処理

借方	金額	貸方	金額
現　預　金	10,000	資本金等の額	10,000

(ハ)　税務調整

ⓐ　調整仕訳

仕訳なし

㋺　別表四

調整なし

㋩　別表五㈠

別表五㈠Ⅰ．利益積立金額の計算に関する明細書

処理なし

別表五㈠Ⅱ．資本金等の額の計算に関する明細書　（単位：千円）

区　分	期首現在資本金等の額	当期の増減		差引翌期首現在資本金等の額
		減	増	
	①	②	③	④
資本金又は出資金	10,000		A 5,000	15,000
資本準備金			B 5,000	5,000
差引合計額	10,000		10,000	20,000

10,000千円（20,000千円－10,000千円）の増加
【税務上の仕訳と一致】

② **株主の処理（個人と法人共通）**

㈠　会計処理

有価証券　10,000　／　現 預 金　10,000

㈡　税務処理

有価証券　10,000　／　現 預 金　10,000

㈢　税務調整

仕訳・別表とも調整なし

⑵　新株を有利な価額で発行した場合

株式を発行した法人は資本取引となりますので、払込みを受けた金額を基に処理を行うことになります。

株式を取得した株主については、原則として、株式の取得価額とその取得時の時価との差額について、課税関係が生じることとなります（法令119①四、所令84③三）。ただし、その株式を「株主等として取得」し、かつ、「他の株主等に損害を及ぼすおそれがないと認められる場合」（株主割当増資で株主全員が割当てを受け入れた場合など）には、課税はありません（法令119①四、所令84③三）。

【前提】第三者割当増資として既存株主（一社又は一人）から新たに8,000千円（時価10,000千円）の払込みを受け、そのうち4,000千円を資本金に、残り4,000千円を資本準備金に計上

・増資前資本金　10,000千円

① **増資する法人の処理**

(イ) 会計処理

借方	金額	貸方	金額
現預金	8,000	資本金	4,000 A
		資本準備金	4,000 B

(ロ) 税務処理

借方	金額	貸方	金額
現預金	8,000	資本金等の額	8,000

(ハ) 税務調整

㋑ 調整仕訳

仕訳なし

㋺ 別表四

調整なし

㋩ 別表五(一)

別表五(一)Ⅰ．利益積立金額の計算に関する明細書

処理なし

別表五㈠Ⅱ．資本金等の額の計算に関する明細書　　（単位：千円）

区　分	期首現在資本金等の額	当期の増減		差引翌期首現在資本金等の額
		減	増	
	①	②	③	④
資本金又は出資金	10,000		4,000	14,000
資本準備金			4,000	4,000
差引合計額	10,000		8,000	18,000

8,000千円（18,000千円－10,000千円）の増加
【税務上の仕訳と一致】

②　株主の処理（法人）

⑴　会計処理

有価証券 10,000 ／ 現預金 8,000
　　　　　　　　　受贈益 2,000

⑵　税務処理

有価証券 10,000 ／ 現預金 8,000
　　　　　　　　　受贈益 2,000

⑶　税務調整

その他の処理なし

③　株主の処理（個人）

法人も個人も株式の取得価額と取得時の時価との差額について課税されるということに変わりはありませんが、個人の場合には所得区分が何になるのかという問題があります。この点については、原則としては一時所得となり、発行法人と新たに株式を取得した株主との関係によっては給与所得又は退職所得となるとされています（所基通23～35共-6⑵）。また、同族会社が株式の有利発行を既存株主の親族等に行った場合には、給与所得又は退職所得として課税される場合を除いて、既存株主から当該親族等に対する贈与とみなして贈与税が課税されます（相基通9－4）。

株式の有利発行についての課税関係を簡単に示すと、以下のようになります。

<table>
<tr><th colspan="2">増資を引き受ける者</th><th>課税区分</th></tr>
<tr><td colspan="2">法人</td><td>法人税（受贈益）</td></tr>
<tr><td rowspan="3">個人</td><td>役員・従業員</td><td>所得税（給与所得又は退職所得）</td></tr>
<tr><td>同族会社の株主の親族等</td><td>贈与税（みなし贈与）</td></tr>
<tr><td>その他</td><td>所得税（一時所得）</td></tr>
</table>

株式の有利発行を行う場合の手続きとして、有利発行を行うことにより既存株主の保有する株式の価値が希薄化するため、株主総会の特別決議が必要とされています。また、取締役は株主総会において、当該払込金額での募集を必要とする理由の説明も求められます。その他の手続きは、他の募集株式の発行等と変わりはありません。

※1　株式を有利な価額で発行したかどうかの判定

株式における有利な価額とは、以下の通達に示すように、その株式の払込金額等を決定する日の現況におけるその発行法人の株式の価額に比べて、社会通念上相当と認められる価額を下回る価額をいうものとするとされています。また、社会通念上相当と認められる価額を下回るかどうかは、当該株式の価額と払込金額等の差額が当該株式の価額のおおむね10％相当額以上であるかどうかにより判定することになります（所基通23～35共－7も同旨、省略）。

（通常要する価額に比して有利な金額）

法人税基本通達2－3－7　令第119条第1項第4号《有利発行により取得した有価証券の取得価額》に規定する「払い込むべき金銭の額又は給付すべき金銭以外の資産の価額を定める時におけるその有価証券の取得のために通常要する価額に比して有利な金額」とは、当該株式の払込み又は給付の金額（以下2－3－7において「払込金額等」という。）を決定する日の現況における当該発行法人の株式の価額に比して社会通念上相当と認められる価額を下回る価額をいうものとする。（平12年課法２－７「四」により追加、平19年課法２－３「十」、平19年課法２－17「五」により改正）

（注）１　社会通念上相当と認められる価額を下回るかどうかは、当該株式の価額と払込金額等の差額が当該株式の価額のおおむね10％相当額以上であるかどうかにより判定する。

２　払込金額等を決定する日の現況における当該株式の価額とは、決定日の価額のみをいうのではなく、決定日前１月間の平均株価等、払込金額等を決定するための基礎として相当と認められる価額をいう。

※２　有利発行時におけるその株式の取得のために通常要する価額（時価）

有利発行を行った場合における比較すべきその株式の取得のために通常要する価額（時価）は以下のように定められています。非上場株式の場合には⑶に該当しますので、原則として、法人税基本通達４－１－５及び４－１－６に準じて合理的に計算される価額を用いることになります。

（通常要する価額に比して有利な金額で新株等が発行された場合における有価証券の価額）

法人税基本通達２－３－９　令第119条第１項第４号《有利発行により取得した有価証券の取得価額》に規定する有価証券の取得の時におけるその有価証券の取得のために通常要する価額は、次に掲げる場合の区分に応じ、それぞれ次による。（平12年課法２－７「四」により追加、平17年課法２－14「四」、平19年課法２－３「十」、令２年課法２－17「三」により改正）

⑴　新株が令第119条の13第１項第１号から第３号まで《市場有価証券の時価評価金額》に掲げる有価証券（以下２－３－９において「市場有価証券」という。）である場合　その新株の払込み又は給付に係る期日（払込み又は給付の期間を定めたものにあっては、その払込み又は給付をした日。以下２－３－９において「払込期日」という。）における当該新株の４－１－４《市

場有価証券等の価額》に定める価額
⑵　旧株は市場有価証券であるが、新株は市場有価証券でない場合　新株の払込期日における旧株の４－１－４に定める価額を基準として当該新株につき合理的に計算される価額
⑶　⑴及び⑵以外の場合　その新株又は出資の払込期日において当該新株につき４－１－５及び４－１－６《市場有価証券等以外の株式の価額》に準じて合理的に計算される当該払込期日の価額

（市場有価証券等以外の株式の価額）
法人税基本通達４－１－５　市場有価証券等以外の株式について法第25条第３項《資産評定による評価益の益金算入》の規定を適用する場合において、再生計画認可の決定があった時の当該株式の価額は、次の区分に応じ、次による。（平17年課法２－14「七」により追加、平19年課法２－３「十五」、平19年課法２－17「九」、平22年課法２－１「十三」、令２年課法２－17「四」により改正）
⑴　売買実例のあるもの
　当該再生計画認可の決定があった日前６月間において売買の行われたもののうち適正と認められるものの価額
⑵　公開途上にある株式（金融商品取引所が内閣総理大臣に対して株式の上場の届出を行うことを明らかにした日から上場の日の前日までのその株式）で、当該株式の上場に際して株式の公募又は売出し（以下４－１－５において「公募等」という。）が行われるもの（⑴に該当するものを除く。）
　金融商品取引所の内規によって行われる入札により決定される入札後の公募等の価格等を参酌して通常取引されると認められる価額
⑶　売買実例のないものでその株式を発行する法人と事業の種類、規模、収益の状況等が類似する他の法人の株式の価額があるもの（⑵に該当するものを除く。）
　当該価額に比準して推定した価額

(4)　(1)から(3)までに該当しないもの

当該再生計画認可の決定があった日又は同日に最も近い日におけるその株式の発行法人の事業年度終了の時における１株当たりの純資産価額等を参酌して通常取引されると認められる価額

(市場有価証券等以外の株式の価額の特例)

法人税基本通達４－１－６　法人が、市場有価証券等以外の株式（４－１－５の(1)及び(2)に該当するものを除く。）について法第25条第３項《資産評定による評価益の益金算入》の規定を適用する場合において、再生計画認可の決定があった時における当該株式の価額につき昭和39年４月25日付直資56・直審（資）17「財産評価基本通達」（以下４－１－６において「財産評価基本通達」という。）の178から189－７まで《取引相場のない株式の評価》の例によって算定した価額によっているときは、課税上弊害がない限り、次によることを条件としてこれを認める。(平17年課法２－14「七」により追加、平19年課法２－３「十五」、平19年課法２－17「九」、平22年課法２－１「十三」、令２年課法２－17「四」により改正)

(1)　当該株式の価額につき財産評価基本通達179の例により算定する場合(同通達189－３の(1)において同通達179に準じて算定する場合を含む。）において、当該法人が当該株式の発行会社にとって同通達188の(2)に定める「中心的な同族株主」に該当するときは、当該発行会社は常に同通達178に定める「小会社」に該当するものとしてその例によること。

(2)　当該株式の発行会社が土地（土地の上に存する権利を含む。）又は金融商品取引所に上場されている有価証券を有しているときは、財産評価基本通達185の本文に定める「１株当たりの純資産価額（相続税評価額によって計算した金額)」の計算に当たり、これらの資産については当該再生計画認可の決定があった時における価額によること。

(3)　財産評価基本通達185の本文に定める「１株当たりの純資産価額（相続税評価額によって計算した金額)」の計算に当たり、同通達186－２により計算した評価差額に対する法人税等に相当する金額は控除しないこと。

Ⅲ　無償増資

金銭又は金銭以外の財産の払込みを伴わない増資を無償増資といい、具体的には剰余金の資本組入れや準備金の資本組入れの方法により行われます。剰余金又は準備金の資本組入れについては、平成21年の会社計算規則改正により、以前から認められていたその他資本剰余金又は資本準備金の資本組入れに加えて、その他利益剰余金又は利益準備金の資本組入れもできることになりました。

1　剰余金の資本組入れ

(1)　資本剰余金からの資本組入れ

資本剰余金を減少し、資本金を増加することになります。法人税における「資本金等の額」には、そもそも資本剰余金が含まれていますので、資本金の増加額と資本剰余金の減少額は同額となり、法人税における「資本金等の額」は変わりません。法人住民税の均等割にも影響はありません。

【前提】資本剰余金のうち3,000千円を資本金に振替

・増資前資本金　　10,000千円

・増資前資本剰余金　6,000千円

①　増資する法人の処理

(イ)　会計処理

その他資本剰余金　3,000 A　／　資　本　金　3,000 B

(ロ)　税務処理

資本金等の額　3,000　／　資本金等の額　3,000

（資本金等の内部の振替）

(ハ)　税務調整

㋑　調整仕訳

仕訳なし

㋺　別表四

調整なし

㋩　別表五㈠

別表五㈠Ⅰ．利益積立金額の計算に関する明細書

処理なし

図表五㈠Ⅱ．資本金等の額の計算に関する明細書　(単位：千円)

区　分	期首現在資本金等の額	当期の増減		差引翌期首現在資本金等の額
		減	増	
	①	②	③	④
資本金又は出資金	10,000		B 3,000	13,000
資本準備金				
その他資本剰余金	6,000	A 3,000		3,000
差引合計額	16,000	3,000	3,000	16,000

増減なし
【税務上の仕訳と一致】

②　**株主の処理**（個人と法人共通）

処理なし

⑵　利益剰余金からの資本組入れ

利益剰余金を減少し、資本金を増加することになります。利益剰余金は法人税における「資本金等の額」には含まれていませんが、法人税の規定により「利益準備金又は利益剰余金から資本金に組み入れた金額」は「資本金等の額」に含まれないとされていますので、結果として資本剰余金の場合と同様に「資本金等の額」は変わりません。

ただし、法人住民税の均等割の税率区分の基準については、平成27年度税制改正により、その他利益剰余金又は利益準備金を資本金に振り替えた場合には、その金額を税率区分の基準に加えなければなりません。したがって、この場合には無償であっても増資の金額によっては均等割の負担が増えることがありますので、注意が必要です。

①　増資する法人の処理

【前提】利益剰余金のうち3,000千円を資本金に振替

・増資前資本金　　10,000千円

・増資前利益剰余金（繰越損益金）　6,000千円

(イ)　会計処理

繰越利益剰余金　3,000 A　／　資　本　金　3,000 B

(ロ)　税務処理

仕訳なし

(ハ)　税務調整

④　調整仕訳

資本金等の額　3,000 C　／　利益積立金額　3,000 D

⑤　別表四

調整なし

㈧　別表五㈠

別表五㈠Ⅰ．利益積立金額の計算に関する明細書　（単位：千円）

区　分	期首現在利益積立金額	当期の増減		差引翌期首現在利益積立金額
		減	増	
	①	②	③	④
利益準備金				
積立金				
資本金等の額			D　3,000	3,000
繰越損益金	6,000	A　3,000	××	×××

別表五㈠Ⅱ．資本金等の額の計算に関する明細書　（単位：千円）

区　分	期首現在資本金等の額	当期の増減		差引翌期首現在資本金等の額
		減	増	
	①	②	③	④
資本金	10,000		B　3,000	13,000
資本準備金				
利益積立金額			C　△3,000	△3,000
差引合計額	10,000		0	10,000

変動なし
【税務上の仕訳と一致】

※［網掛け］は振替調整で、基本的に消えずに残り続けます。

②　**株主の処理**（個人と法人共通）

処理なし

⑶　手続き：剰余金からの資本組入れの場合

資本金の額を増加させるには、次の手続きが必要です。

①　決議機関

株主総会の普通決議によって、剰余金から資本金に組み入れることができます（会法450①②)。なお、定時株主総会だけではなく、臨時株主総会において決議することも可能です。

【決議事項】

・減少する剰余金の額
・資本金の額の増加の効力発生日

減少する剰余金の額は、効力発生日の剰余金の額を超えてはいけませんが、ゼロにすることはできます（会法450③)。

②　登記

資本金の額に変動があった場合には、２週間以内に資本金の額の変更登記が必要です（会法911③五、915)。

③　税務署等への届出

資本金の額が増加した場合には、税務署、都道府県税事務所、市町村役場に異動届出書を提出する必要があります。

2　準備金の資本組入れ

(1)　資本準備金からの資本組入れ

資本準備金を減少し、資本金を増加することになります。法人税における「資本金等の額」には、資本剰余金と同様に資本準備金が含まれていますので、資本金の増加額と資本準備金の減少額は同額となり、法人税における「資本金等の額」は変わりません。法人住民税の均等割にも影響はありません。

①　増資する法人の処理

【前提】資本準備金のうち3,000千円を資本金に振替

・増資前資本金　　10,000千円

・増資前資本準備金　6,000千円

(イ)　会計処理

資本準備金　3,000 A　／　資　本　金　3,000 B

(ロ)　税務処理

資本金等の額　3,000　／　資本金等の額　3,000

（資本金等の内部の振替）

(ハ)　税務調整

㋑　調整仕訳

仕訳なし

㋺　別表四

調整なし

㋩　別表五(一)

別表五(一)Ⅰ．利益積立金額の計算に関する明細書

処理なし

別表五(一)Ⅱ．資本金等の額の計算に関する明細書　（単位：千円）

区　分	期首現在 資本金等の額	当期の増減		差引翌期首現在 資本金等の額
		減	増	
	①	②	③	④
資　本　金	10,000		B　3,000	13,000
資本準備金	6,000	A　3,000		3,000
差引合計額	16,000	3,000	3,000	16,000

変動なし
【税務上の仕訳と一致】

②　**株主の処理（個人と法人共通）**

処理なし

⑵　利益準備金からの資本組入れ

利益準備金を減少し、資本金を増加することになります。利益準備金は法人税における「資本金等の額」には含まれていませんが、法人税の規定により「利益準備金又は利益剰余金から資本金に組み入れた金額」は「資本金等の額」に含まれないとされていますので、結果として資本準備金の場合と同様に「資本金等の額」は変わりません。

ただし、Ⅲ 1 ⑵利益剰余金からの資本組入れ（32頁）と同じく法人住民税の均等割の税率区分の基準については、平成27年度税制改正により、その他利益剰余金又は利益準備金を資本金に振り替えた場合には、その金額を税率区分の基準に加えなければなりません。したがって、この場合には無償であっても増資の金額によっては均等割の負担が増えることがありますので、注意が必要です。

①　**増資する法人の処理**

【前提】利益準備金のうち3,000千円を資本金に振替

・増資前資本金　　　10,000千円

・増資前利益準備金　 6,000千円

⑴　会計処理

利益準備金　3,000 A　／　資　本　金　3,000 B

⑵　税務処理

仕訳なし

⑶　税務調整

④　調整仕訳

資本金等の額　3,000 C　／　利益積立金額　3,000 D

㋺　別表四

調整なし

㋩　別表五㈠

別表五㈠Ⅰ．利益積立金額の計算に関する明細書　　（単位：千円）

区　分	期首現在利益積立金額	当期の増減		差引翌期首現在利益積立金額
		減	増	
	①	②	③	④
利益準備金	6,000	A → 3,000		3,000
積立金				
資本金等の額			D　3,000	3,000

別表五㈠Ⅱ．資本金等の額の計算に関する明細書　　（単位：千円）

区　分	期首現在資本金等の額	当期の増減		差引翌期首現在資本金等の額
		減	増	
	①	②	③	④
資本金	10,000		B → 3,000	13,000
資本準備金				
利益積立金額			C　△3,000	△3,000
差引合計額	10,000		0	10,000

変動なし【税務上の仕訳と一致】

※（網掛け部分）は振替調整で、基本的に消えずに残り続けます。

② **株主の処理（個人と法人共通）**

処理なし

⑶　手続き：準備金からの資本組入れの場合

資本金の額を増加させるには、次の手続きが必要です。

①　決議機関

株主総会の普通決議によって、準備金の全部又は一部を資本金に組み入れることができます（会法448①二）。剰余金の資本組入れと同様に、定時株主総会だけではなく、臨時株主総会において決議することも可能です。

【決議事項】

- ・減少する準備金の額
- ・減少する準備金の全部又は一部を資本金とするときには、その旨及び資本金とする金額
- ・準備金の額の減少の効力発生日

減少する準備金の額は、効力発生日の準備金の額を超えてはいけませんが、ゼロにすることはできます（会法448②）。

②　債権者保護手続き

準備金の額を減少させるには、原則として、債権者が異議を述べる機会を確保するために公告・催告が必要です（会法449①②）。１か月以上の異議申述期間が必要です。

③　登記

資本金の額に変動があった場合には、２週間以内に資本金の額の変更登記が必要です（会法911③五、915）。

④　税務署等への届出

資本金の額が増加した場合には、税務署、都道府県税事務所、市町村役場に異動届出書を提出する必要があります。

Ⅳ　デッド・エクイティ・スワップ（DES、債務の資本化）

デッド・エクイティ・スワップ（DES）の方法としては、大きく分けて二つの方法があります。一つは現物出資方式であり、この方式は債権を現物出資して株式と交換する方法により行われます。もう一つは新株払込方式があり、この方式は債権者から第三者割当増資を受け、その資金で債権者に対して弁済を行う方法です。

現物出資方式による場合に取得する株式の評価方法には、債権の額面額を用いる券面額説と、債権の時価評価額を用いて残額を債権放棄する時価評価額説の二つがあります。会社法では券面額説による処理も認められており、会計上は現在では券面額説による処理が主流になっているといわれています。税務上では、その現物出資が非適格現物出資である場合には、法人税の規定（法令119①二）により、時価評価説に従うことになります。ただし、現物出資が適格現物出資である場合には、資本金等の増加額は債権の帳簿価額となります。

1　現物出資方式（非適格現物出資・事業等の移転を伴わない）

【前提】債務超過状態が継続している取引先に対して合理的な再建計画に基づき、貸付金5,000千円を現物出資（うち１/２を資本準備金）するDESを実施（会計上は券面額説に従うものとする）

［増資する法人：債務者］

・DES前資本金　10,000千円
・DES前資本準備金　2,000千円
・借入金の帳簿価額　5,000千円

［現物出資法人：債権者］

・貸付金の帳簿価額　5,000千円
・貸付金の時価評価額　3,000千円

⑴　増資する法人の処理（債務者側）

①　会計処理（券面額説）

借　入　金　5,000　／　資　本　金　2,500 A

／　資本準備金　2,500 B

②　税務処理（時価評価額説）

借　入　金　5,000　／　資本金等の額　3,000

／　債務消滅差益　2,000

③　税務調整

(イ)　調整仕訳

資本金等の額　2,000 C　／　債務消滅差益　2,000 D

(ロ)　別表四

別表四　（単位：千円）

区　分		総額	処分	
			留保	社外流出
加　算	債務消滅差益計上もれ	2,000	2,000	

⑽　別表五㈠

別表五㈠Ⅰ．利益積立金額の計算に関する明細書　（単位：千円）

区　分	期首現在 利益積立金額	当期の増減		差引翌期首現在 利益積立金額
		減	増	
	①	②	③	④
利益準備金				
積立金				
債務消滅差益			D　2,000	2,000

別表五㈠Ⅱ．資本金等の額の計算に関する明細書　（単位：千円）

区　分	期首現在 資本金等の額	当期の増減		差引翌期首現在 資本金等の額
		減	増	
	①	②	③	④
資本金又は出資金	10,000		A　2,500	12,500
資本準備金	2,000		B　2,500	4,500
利益積立金額			C　△2,000	△2,000
差引合計額	12,000		3,000	15,000

3,000千円（15,000千円－12,000千円）の増加
【税務上の仕訳と一致】

※　［網掛け］は振替調整で、基本的に消えずに残り続けます。

債務者側の処理として、会計上は券面額説に従って処理したとしても、税務上の現物出資額は時価によることになるため、別表調整が必要となります。

具体的には、出資する貸付金の額面額5,000千円と時価3,000千円との差額2,000千円について債務消滅差益を認識することになります。

また、この債務消滅差益は課税所得となりますが、法人税法59条（会社更生等による債務免除等があった場合の欠損金の損金算入）の規定に該当する場合には、いわゆる期限切れ欠損金を損金算入することができます。

⑵　株主の処理（債権者側）

債権者側では、DESは株式の取得取引となり、「金融商品に関する会計基準」に従う必要があるため、債務者側での処理（券面額説か時価評価額説か）とは関係なく、会計においても時価により処理を行うことになります。

①　会計処理

有価証券	3,000	貸付金	5,000
債権譲渡損	2,000		

②　税務処理

有価証券	3,000	貸付金	5,000
債権譲渡損	2,000		

③　税務調整

⑴　調整仕訳

仕訳なし

⑵　別表四

調整なし

⑶　別表五㈠

別表五㈠Ⅰ．利益積立金額の計算に関する明細書

処理なし

別表五㈠Ⅱ．資本金等の額の計算に関する明細書

処理なし

債権者側の処理では、会計上の処理と税務上の処理がともに時価評価額説に基づき行われますので、別表による調整は必要ありません。

債権者側では「債権譲渡損」2,000千円が計上され、本ケースのように合理的な再建計画に基づくものである場合には損金算入されます（法基通９－４－２）。

しかし、このような支援が合理的な再建計画に基づくものでない場合（私的整理の場合など）には、「債権譲渡損」が寄附金認定される可能性があり、損金算入に制限を受ける場合がありますのでご留意ください。

※債権の時価評価の問題

デッド・エクイティ・スワップを行ったときの債権の時価評価額については、税務上具体的な評価方法は定められていませんが、参考になるものの一例として経済産業省からの照会に対する国税庁の文書回答事例[2]があり、国税庁は経済産業省の見解を肯定しています。

それによれば、企業再生税制適用場面においてDESが行なわれた場合においても、債務免除が行なわれる場合と同様に、合理的な再建計画に基づき債務者及び債権者双方の合意のもとで回収可能額が算定されることになるので、債務者におけるDESの対象となる債権の時価については、この合理的に見積もられた回収可能額に基づいて評価することが妥当であるとしています。

また、債権者におけるDESに伴う現物出資額の評価額についても同様に、合意した回収可能額に基づき評価されることが合理的であり、債務者における処理とも整合的であるとしています。

2　新株払込方式（疑似DES）

この方式は、増資と債務の弁済が別々に行われていることから、原則として課税上の問題は生じないと考えられます。ただし、この方式は疑似DESと呼ばれることもあるように、債務者にとって現物出資方式と同様の効果をもたらすにもかかわらず、税務上債務免除益の認識を行わないことになります。したがって、租税回避目的のみで利用した場合などその取引に経済的合理性がないとさ

2　国税庁「企業再生税制適用場面においてDESが行われた場合の債権等の評価に係る税務上の取扱いについて」
（https://www.nta.go.jp/law/bunshokaito/hojin/100222/index.htm）。

れる場合には、増資時に寄附金認定される可能性は否定できませんので、その利用には十分な検討が必要です。

【前提】第三者割当増資5,000千円（うち1／2を資本準備金）を受け、借入金を返済

・増資前資本金　　10,000千円
・増資前資本準備金　2,000千円

(1)　増資する法人の処理（債務者側）

①　会計処理

借方	金額	貸方	金額	
現預金	5,000	資本金	2,500	A
		資本準備金	2,500	B

借方	金額	貸方	金額
借入金	5,000	現預金	5,000

②　税務処理

借方	金額	貸方	金額
現預金	5,000	資本金等の額	5,000
借入金	5,000	現預金	5,000

③　税務調整

(イ)　調整仕訳

仕訳なし

(ロ)　別表四

調整なし

⑻　別表五㈠

別表五㈠Ⅰ．利益積立金額の計算に関する明細書

処理なし

別表五㈠Ⅱ．資本金等の額の計算に関する明細書　（単位：千円）

区　分	期首現在資本金等の額	当期の増減		差引翌期首現在資本金等の額
		減	増	
	①	③	③	④
資本金又は出資金	10,000		A 2,500	12,500
資本準備金	2,000		B 2,500	4,500
差引合計額	12,000		5,000	17,000

5,000千円（17,000千円－12,000千円）の増加
【税務上の仕訳と一致】

この場合には、増資による資本金と資本準備金の増加の処理が必要となります。別表調整は必要ありません。

⑵　株主の処理（債権者側）

①　会計処理

有価証券　5,000　／　現預金　5,000
現預金　5,000　／　貸付金　5,000

②　税務処理

有価証券　5,000　／　現預金　5,000
現預金　5,000　／　貸付金　5,000

③　税務調整

⑴　調整仕訳

仕訳なし

⑵　別表四

調整なし

⑶　別表五㈠

別表五㈠Ⅰ．利益積立金額の計算に関する明細書

処理なし

別表五㈠Ⅱ．資本金等の額の計算に関する明細書

処理なし

この場合は、債権者は出資を行って貸付金の返済を受けただけとなりますので、別表上の処理はありません。

なるほど！プラス：新株予約権（ストックオプション）とは

新株予約権とは、新株予約権者が、将来の一定の期間（権利行使期間）内に権利を行使し、事前に定められた価額（権利行使価額）を払い込むことによって、会社の株式を取得することができる権利のことをいいます。

新株予約権を行使するかしないかは、新株予約権者が選択できる権利（オプション）を持っていますので、権利行使期間内に必ず行使しないといけない訳ではなく、権利を行使しなくても問題はありません。

法人が新株予約権を発行するケースについては、次のような目的が考えられます。

A　資金調達
B　役員・従業員等へのインセンティブ（ストックオプション）
C　敵対的買収の防衛

A、Cの目的は増資の場合と同じです。ここではBのストックオプションに焦点を当ててみていきます。

ストックオプションとは、新株予約権の一種であり、狭義には会社の役員や従業員に対して労働の対価として付与するものをいい、広義には従業員等以外の者に財やサービスの対価として付与するものも含みます。

I　種類

ストックオプションの種類としては、大きくは金銭の支払いの有無により、「有償ストックオプション」と「無償ストックオプション」に分かれます。そして、「無償ストックオプション」は一定の要件のもと税制優遇を受けることができる「税制適格ストックオプション」とそれ以外の「税制非適格ストックオプション」に分かれます。

税制適格要件の主なものは、以下となります。

項　目	要　件
付与の対象	会社及びその子会社の取締役・執行役・使用人 一定の要件を満たす外部協力者（弁護士や専門エンジニア等※）
発行価格	無償発行
権利行使期間	付与決議日後２年を経過した日から10年を経過する日まで（設立５年未満の非上場会社は15年を経過する日まで：Ｒ５改正）
権利行使限度額	年間の合計額が1200万円を超えないこと
権利行使価額	ストックオプションに係る契約締結時の時価以上の金額
譲渡制限	新株予約権は他者への譲渡が禁止
保管委託	行使後は証券会社または金融機関等による保管・管理等信託が必要

※社外高度人材活用新事業分野開拓計画の認定に従って事業に従事する外部協力者

（出典：経済産業省ホームページ）

Ⅱ　ストックオプションの課税関係

ストックオプションの課税関係は、以下の表のようになります。

ストックオプション（SO）の種類		課　税		
		発行時	行使時	売却時
有償SO（時価発行）		なし	なし（所得認識なし）	あり※1（譲渡所得）
無償SO	税制適格SO	なし	なし（課税の繰延べ）	あり※2（譲渡所得）
	税制非適格SO※3	なし	あり※4（給与所得等）	あり※5（譲渡所得）

※１　「株式売却額－（発行価額＋権利行使価額）」が課税対象となる。
※２　「株式売却額－権利行使価額」が課税対象となる。
※３　有償SO（有利発行）の場合も同じ。
※４　「権利行使時の株式の時価－権利行使価額」が課税対象となる。
※５　「株式売却額－権利行使時の株式の時価」が課税対象となる。

有償ストックオプション（時価発行）と税制適格ストックオプションはともに株式の売却時に分離課税の譲渡所得として課税されるため、累進税率が適用される総合課税に比べて、税制上、有利になる可能性が高いといえます。

〈有償SO（時価発行）の場合〉

・ストックオプション購入額	50	（発行会社の株価　200）
・ストックオプション行使額	200	（発行会社の株価　800）
・株式の譲渡価額	1,000	（発行会社の株価　1,000）

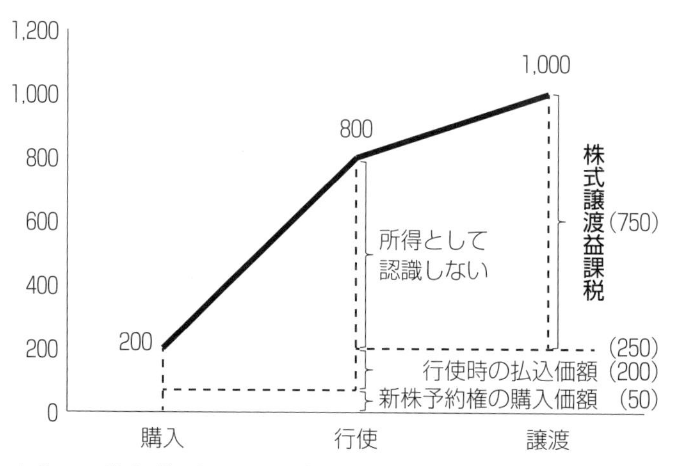

出典：国税庁「ストックオプションに対する課税Q＆A」

譲渡時：1,000－（50＋200）＝750（譲渡所得）

〈無償SO（税制適格SO）の場合〉

・ストックオプション付与額	0	（発行会社の株価　200）
・ストックオプション行使額	200	（発行会社の株価　800）
・株式の譲渡価額	1,000	（発行会社の株価　1,000）

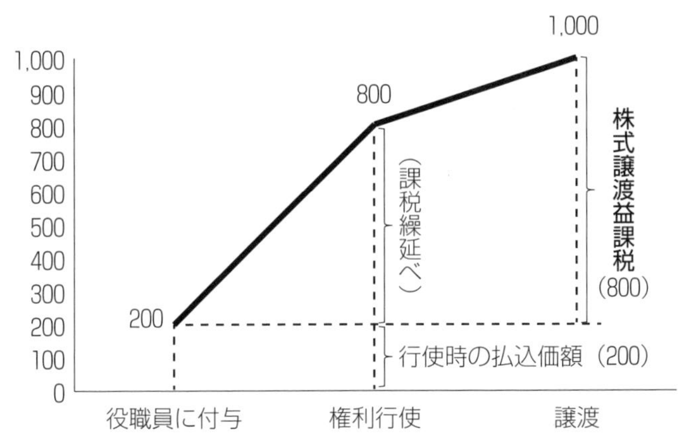

出典：国税庁「ストックオプションに対する課税Q＆A」

譲渡時：1,000－200＝800（譲渡所得）

〈無償SO（税制非適格SO）〉

・ストックオプション付与額　　0　（発行会社の株価　200）
・ストックオプション行使額　200　（発行会社の株価　800）
・株式の譲渡価額　1,000　（発行会社の株価　1,000）

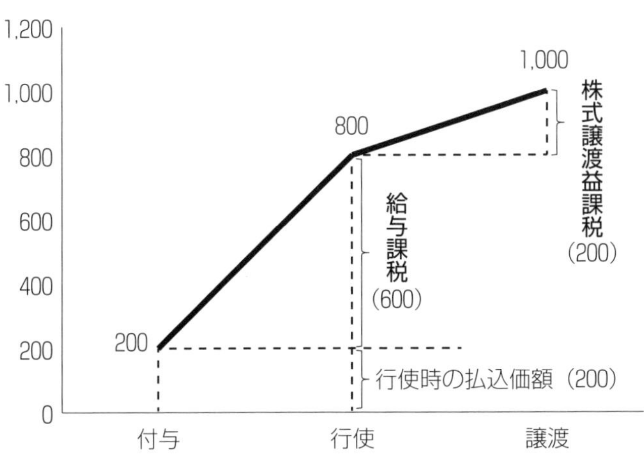

出典：国税庁「ストックオプションに対する課税Q＆A」

行使時：　800－200＝600（給与所得）

譲渡時：1,000－800＝200（譲渡所得）

Ⅲ　発行方法

新株予約権（ストックオプション）の発行方法には、新株発行の場合と同様、以下の３つの方法があります。

①　株主割当て（株主に新株予約権の割当てを受ける権利を与えるもの）
②　第三者割当て（特定の第三者に新株予約権を取得させるもの）
③　公募（不特定多数の者に新株予約権を取得させるもの）

Ⅳ　活用方法など

ストックオプションは主に従業員等に付与し、会社の業績を上げること（株価の上昇）が本人の利益になることで業務に対するモチベーションを向上させる方法の１つです。株式を売却することで利益が確定しますので、ストックオプションを活用するには、株式を売却するための市場があることが前提となります。したがって、上場企業による活用が主になります。

非公開会社である中小企業でも、ストックオプションの発行はもちろん可能ですが、市場がないことから株価の算定に手間がかかることや株式の売却時に誰が買い取るのかなどの問題があります。ただし、上場を目指す会社などであれば、優秀な人材を確保するためにストックオプションを活用することは十分に考えられます。

第3章

減資

I　減資の概要

1　減資が行われる場合

会社の資本金の額を減少させる行為を、一般に減資といいます。減資は、次のような場合で実行されます。

・分配可能額（会法461②）を増やす場合
・欠損填補を行う場合
・資本金の額を適用判定の基準とする税務上の各種優遇措置の適用を受ける場合

制　度	資本金の額
中小企業技術基盤強化税制（措法42の4）	1億円以下（中小企業者）
中小企業投資促進税制（措法42の6）	1億円以下（中小企業者） （税額控除は3千万円以下）
中小企業経営強化税制（措法42の12の4）	1億円以下（中小企業者）
中小企業向け賃上げ促進税制（措法42の12の5）	1億円以下（中小企業者）
少額減価償却資産の損金算入（措法67の5）	1億円以下（中小企業者）
交際費等の損金不算入（措法61の4）の定額控除限度額（年800万円）	1億円以下
貸倒引当金の法定繰入率（措法57の9）	1億円以下
留保金課税（法法67）の適用除外	1億円以下
青色欠損金の繰越控除の限度額（法法57）	1億円以下
欠損金の繰り戻し還付（法法80）の不適用の除外（措法66の12）	1億円以下
法人税の軽減税率の適用（措法42の3の2）	1億円以下

2　有償減資と無償減資

平成18年施行の会社法では、減資は、資本金の額の単なる計数の変動として整理され、会社財産の株主への実際の払戻しとは切り離された行為として位置づけられました。そのため、資本金の額の減少（会法447）だけでは会社財産の株主への払戻しが行われることはなく、会社法施行後の減資は、いわゆる無償減資に一本化されています。

旧商法における「減資に伴う払戻し（有償減資）」に当たる行為を行う場合には、資本金の額の減少に並行して、剰余金の配当を行います。両者の関連性を高めるために、資本金の額の減少の効力が生じることを停止条件として剰余金の配当の決議を行えば、手続きの関連性をより強めることができ、いわゆる有償減資と同様の効果を得ることができます[1]。また、会社が有償で取得して保有している自己株式を消却し、併せて資本金の額の減少の手続きをとることでも、いわゆる有償減資と同様の効果を得ることができます。

なお、債務超過会社は、分配可能額が無いことから、会社財産を株主に払い戻すことができず、いわゆる有償減資に相当する減資を行うことはできません。

3　発行済株式総数との関係

減資は資本金の額の計数の変動に過ぎないため、発行済株式総数の増減とは切り離された行為です。資本金の額の減少と併せて発行済株式総数を減らすためには、取得して保有している自己株式を消却（会法178）するか又は株式の併合（会法180）の手続きをとる必要があります。

なお、発行済株式総数を増加させる行為としては、株式の分割（会法183）、株式無償割当て（会法185）及び新株の発行（会法199①五）があります。

減資時の際には、併せて発行済株式数を減少させるニーズがあると思われるため、ここでは株式併合と自己株式の消却について解説します。

(1)　株式の併合

株式の併合（以下「株式併合」）とは、複数の株式を合わせてそれより数の少

1　『論点解説新・会社法 千問の道標』相澤哲ほか（商事法務、2006）541頁。

ない株式とする行為をいいます。株式併合を行うと、発行済株式総数は減少しますが、発行可能株式総数は減少しません。

株式併合は、次の場合に利用されます。

・「１株当たりの株価」という観点から、出資単位を大きくしたい場合
・組織再編成等に際し、株式の割当比率を１対１にそろえたい場合
・少数株主の締出しのために、少数株主の保有する株式を１株未満の端数にした上でこれを現金等で買い取る場合（いわゆるキャッシュアウトによるスクイーズアウト[2]）
・将来の新株発行に備えて、発行可能な株式数の枠（授権枠）を確保しておく場合

⑵　株式の消却

株式の消却とは、会社が特定の株式を消滅させる行為をいいます。株式の消却は、既に自己が保有している自己株式についてのみ行うことができます（会法178①）。株式の消却を行うと発行済株式総数は減少しますが、発行可能株式総数は減少しません。

株式消却は、次の場合に利用されます。

・組織再編成等の際に、自己株式に対して新株の割当てが行われることを避ける場合

※なお、自己株式の取得及び消却に関しては、第５章（103頁以下）を参照してください。

2　濫用的な株式併合による少数株主の締出しが問題視され、平成26年会社法改正により、開示の強化（会法182の２）、差止請求（会法182の３）、反対株主の買取請求（会法182の４）等の規定が設けられています。

Ⅱ 無償減資を行った場合の会計処理及び税務調整

1 概要

「減資」は資本金の額の単なる計数の変動であり、会社財産の株主への実際の払戻しとは別の行為であるため、ここではいわゆる無償減資（払戻しが行われない減資）について取り上げます。

欠損填補以外の目的で行う減資と、欠損填補の目的で行う減資とで、その手続きや会計処理及び税務処理が異なります。

2 欠損填補以外の目的で行う減資の場合

(1) 前提

（単位：千円）

資本金の額10,000千円を取り崩して、その他資本剰余金の増加とした。

(2) 減資をする法人の処理

① 会計処理

資本金の額を減少した場合には、その減少した額に相当する金額は、資本準備金の増加（会計規26①一）として取り扱うか又はその他資本剰余金の増加（会計規27①一）として取り扱います。

後述する欠損填補の場合を除き、その他利益剰余金を増加させることで資本と利益を混同することは認められていません（企業会計基準第１号19項・60～61項）。

資　本　金　10,000 A ／ その他資本剰余金　10,000 B

② 税務処理

仕訳なし

減少した資本金の額に相当する金額を資本金等の額に加算（法令８①十二）し

ますので、資本金等の額の増減はありません（資本金等の額の内部での振替）。

③　税務調整

なし

《別表四》

特記なし

別表五(一)Ⅱ．資本金等の額の計算に関する明細書　（単位：千円）

区　分	期首現在資本金等の額	当期の増減		差引翌期首現在資本金等の額
		減	増	
	①	②	③	④
資本金又は出資金額		A 10,000		
その他資本剰余金			B 10,000	
差引合計額		10,000	10,000	

(3)　株主側の処理

株主側では、会計処理及び税務処理ともに不要です。

3　欠損填補の目的で行う減資の場合

(1)　前提　（単位：千円）

資本金の額8,000千円を取り崩し、全額を欠損填補に充てた。

(2)　減資をする法人の処理

①　会計処理

《資本金の額の減少》

資　本　金 8,000 A	／	その他資本剰余金 8,000 B

《欠損填補》

その他資本剰余金 8,000 C	／	その他利益剰余金 8,000 D

資本金の額を取り崩して欠損填補に充てる場合には、資本金の額の減少により発生したその他資本剰余金をその他利益剰余金に振り替え、利益剰余金のマイナスに充当します。これにより、負数であった利益剰余金の額が正の値に近づきます。

なお、この時、利益剰余金のマイナスに充当することができる金額は、年度決算時の負の残高に限られる（企業会計基準第1号61項）ため、期中で生じた損失や、将来の見込みの損失についてまで欠損填補を行うことはできません。

②　税務処理

仕訳なし

減少した資本金の額に相当する金額を資本金等の額に加算（法令8①十二）しますので、資本金等の額の増減はありません（資本金等の額の内部での振替）。

利益積立金額の増減も生じません（法令9）。

③　税務調整

利益積立金額 8,000 E	／	資本金等の額 8,000 F

別表五(一)Ⅰ．利益積立金額の計算に関する明細書　　(単位：千円)

区　分	期首現在利益積立金額	当期の増減		差引翌期首現在利益積立金額
		減	増	
	①	②	③	④
利益準備金				
資本金等の額			E △8,000	
繰越損益金			D 8,000	
差引合計額			0	

別表五(一)Ⅱ．資本金等の額の計算に関する明細書　　(単位：千円)

区　分	期首現在資本金等の額	当期の増減		差引翌期首現在資本金等の額
		減	増	
	①	②	③	④
資本金		A 8,000		
その他資本剰余金		C 8,000	B 8,000	
利益積立金額			F 8,000	
差引合計額		16,000	16,000	

(3)　株主側の処理

株主側では、会計処理及び税務処理ともに不要です。

(4)　欠損填補を行った場合の地方税への影響

資本金の額を減少させても株主に対して現実の払戻しが行われない限り、原則として法人税法上の資本金等の額は減少しません。したがって、資本金等の額に基づいて税額が決まる住民税均等割と事業税資本割にも原則として影響がありません。

しかし、資本金の額を取り崩して生じたその他資本剰余金の額を、その取崩しから１年以内に欠損填補に充てた場合（利益剰余金のマイナスに充当した場合）には、その充てた金額を地方税の計算上、資本金等の額から減算します。また、利益準備金又はその他利益剰余金をもってした無償増資がある場合には、その増加した金額を資本金等の額に加算します。

なお、資本金等の額にこれらの無償減資又は無償増資を反映した金額が、期末の貸借対照表の資本金の額及び資本準備金の額の合算額に満たない場合には、資本金等の額に代えて資本金及び資本準備金の額の合計額をもって、地方税の計算をする点に注意が必要です。一連の取扱いの根拠規定は、下表のとおりです。

	資本金等の額の定義 （無償増資又は無償減資があった場合の調整後）	左の金額よりも、『資本金＋資本準備金の額』の方が大きい場合
道府県民税	地税23①四の二イ	地税52④⑤
市町村民税	地税292①四の二イ	地税312⑥⑦
事業税資本割	地税72の21①	地税72の21②

なるほど！プラス：ケース別減資に伴う必要資金等

当社の現在の資本金は2,000万円ですが、減資によって均等割の額を引き下げて節税したいと考えています。無償減資で資本金だけを引き下げても均等割は下がらないと聞いたので、自己株式を1,000万円分取得しようと考えています。これで均等割を下げることができるでしょうか。

減資を行う場合には、法人の状況が、①欠損金が多額にあり利益積立金による欠損補てんを行う場合、②利益積立金がない欠損法人の場合、③利益積立金を多額に有する場合で、必要となる資金に大きな違いがあることを確認してください。

⑴　欠損補てんを目的とした無償減資　欠損補てんを行う場合

〔事例〕

資本金	2,000万円
その他資本剰余金	0円
繰越欠損金	1,500万円
純資産額	500万円

①　資本金1,500万円で欠損補てんする

〔仕訳〕	資　本　金	1,500万円	その他資本剰余金	1,500万円
	その他資本剰余金	1,500万円	繰越利益剰余金	1,500万円

②　税務上の資本金等の額

資本金500万円＋その他資本剰余金1,500万円＝2,000万円

※　その他資本剰余金が欠損補てんにより減少しているが、税務上は資本金等の額から払い出されたものはないため、資本金等の額は当初の金額（2,000万円）を維持しています。

③　地方税法上の資本金等の額（均等割の計算基礎）

法人税法上の資本金等の額2,000万円－無償減資欠損補てん金額1,500万円＝500万円

資本金500万円＋資本準備金０円＝500万円

したがって、地方税法上の資本金等の額　500万円

資本金等の額を1,000万円以下にするために、現金の支出及び税負担はありません。

⑵　資本剰余金を原資とした剰余金の払戻し　欠損法人の場合

〔事例〕

資本金	2,000万円
その他資本剰余金	0円
繰越欠損金	500万円
純資産額	1,500万円

①　1,500万円の減資を行う

〔仕訳〕　資　　　本　　　金　1,500万円　／　その他資本剰余金　1,500万円

②　分配可能限度額の算定

その他資本剰余金1,500万円－利益積立金（繰越欠損金）500万円

＝1,000万円

③　剰余金の払戻し1,000万円を行う

〔仕訳〕　その他資本剰余金　1,000万円　／　現　預　金　1,000万円

④　税務上の資本金等の額

資本金500万円＋その他資本剰余金500万円＝1,000万円

資本金等の額を1,000万円以下にするために、現預金1,000万円を株主に払い戻すことが必要です。

⑶　資本剰余金を原資とした剰余金の払戻し　利益計上法人の場合

〔事例〕

資本金	2,000万円
その他資本剰余金	0円
利益積立金額	8,000万円
純資産額	10,000万円

①　期末純資産額に占める資本金等の額の割合

資本金2,000万円÷10,000万円＝0.200（小数点以下3位未満切上）

②　資本金等の額を1,000万円まで減額するために必要な剰余金の払戻額（剰余金から平均的に払い戻すと考えるため）

（2,000万円－1,000万円）÷0.200＝5,000万円

③　1,000万円の減資を行う

〔仕訳〕資　本　金　1,000万円　／　その他資本剰余金　1000万円

④　分配可能限度額の算定

その他資本剰余金1,000万円＋利益積立金8,000万円＝9,000万円

⑤　5,000万円の払戻しによる各係数の変動及び仕訳

減少すべき資本金等の額　5,000万円×0.200＝1,000万円

みなし配当の額　5,000万円－1,000万円＝4,000万円

みなし配当に係る源泉所得税額　4,000万円×20.42%＝816.8万円

	借方	金額		貸方	金額
〔仕訳〕	資本金等の額	1,000万円	／	現　預　金	4,183.2万円
	利益積立金額	4,000万円	／	預　り　金	816.8万円

⑥　資本金等の額

資本金1,000万円＋その他資本剰余金1,000万円－資本金等の額の減少額1,000万円＝1,000万円

資本金等の額を1,000万円以下にするために、現預金5,000万円を株主に払い戻す必要があります。また、それに伴いみなし配当4,000万円が発生し、源泉所得税816.8万円の納付が必要となります。

※　なお、株主が法人の場合には、次に掲げるときは、源泉徴収が不要となります（令和5年10月1日以後に支払を受けるべき配当等について適用されます。）。

①　完全子法人株式等に該当する株式等に係る配当等

②　配当等の支払基準日において株式保有割合（直接保有に限る）が3分の1超である内国法人の株式等に係る配当等

4 減資の会社法上の手続き

資本金の額を減少させるには、会社法上、次の手続きが必要です。資本金の額に変動があった場合には、資本金の額の変更登記が必要です（会法911③五）。

⑴ 株主総会決議

資本金の額を減らすには、原則として株主総会の特別決議が必要です。ただし、欠損を填補する範囲内の取崩しを定時株主総会で決議する場合には、普通決議で足ります（会法309②九イロ）。

【決議事項（会法447）】

- 減少する資本金の額
- 減少する資本金の額の全部又は一部を準備金とするときには、その旨及び準備金とする額
- 資本金の額の減少の効力発生日

⑵ 債権者保護手続き

資本金の額を減少させるには、債権者が異議を述べる機会を確保するために公告・催告が必要です（会法449①②）。１か月以上の異議申述期間が必要です。

Ⅲ　法定準備金の取崩し

1　概要

会社法上、その積立や取崩し方法が定められている法定準備金として、資本準備金と利益準備金があります。株主からの払込資本を資本金の額に組み入れずに、法定準備金として積み立てているものが資本準備金で、留保利益を法定準備金として積み立てているものが利益準備金です。

資本金と同様、一定の手続きを経て取り崩すことができます。

2　欠損填補以外の目的で法定準備金を取り崩す場合

(1)　前提

(単位：千円)

資本準備金600千円及び利益準備金200千円を取り崩して、それぞれ剰余金とした。

(2)　準備金の取崩しを行う側の法人

①　会計処理

資本準備金	600 A	／	その他資本剰余金	600 B
利益準備金	200 C	／	その他利益剰余金	200 D

資本準備金の取崩し額はその他資本剰余金の増加（会計規27①二）とし、利益準備金の取崩し額はその他利益剰余金の増加（会計規29①一）とします。

②　税務処理

仕訳なし

資本金等の額の増減及び利益積立金額の増減は生じません。それぞれ、資本金等の額の中での内部振替と、利益積立金額の中での内部振替が生じるだけです。

③　**税務調整**

別表五㈠Ⅰ．利益積立金の額の計算に関する明細書　（単位：千円）

区　分	期首現在利益積立金額	当期の増減		差引翌期首現在利益積立金額
		減	増	
	①	②	③	④
利益準備金		C 200		
繰越損益金			D 200	
差引合計額		200	200	

別表五㈠Ⅱ．資本金等の額の計算に関する明細書　（単位：千円）

区　分	期首現在資本金等の額	当期の増減		差引翌期首現在資本金等の額
		減	増	
	①	②	③	④
資　本　金				
資本準備金		A 600		
その他資本剰余金			B 600	
差引合計額		600	600	

(3)　株主側の処理

株主側では、会計処理及び税務処理ともに不要です。

3　欠損填補の目的で行う法定準備金の取崩しの場合

(1)　前提

（単位：千円）

資本準備金900千円を取り崩し、全額を欠損填補に充てた。

(2)　準備金の取崩しを行う側の法人

①　会計処理

《準備金の額の減少》

資本準備金　900 A ／ その他資本剰余金　900 B

《欠損填補》

その他資本剰余金　900 C ／ その他利益剰余金　900 D

資本準備金の額を取り崩して欠損填補に充てる場合には、資本準備金の額の減少により発生したその他資本剰余金をその他利益剰余金に振り替え、利益剰余金のマイナスに充当します。これにより、負数であった利益剰余金の額が正の値に近づきます。

なお、この時、利益剰余金のマイナスに充当することができる金額は、年度決算時の負の残高に限られる（企業会計基準第1号61項）ため、期中で生じた損失や、将来の見込みの損失についてまで欠損填補を行うことはできません。

②　税務処理

仕訳なし

資本金等の額の増減及び利益積立金額の増減は生じません。それぞれ、資本金等の額の中での内部振替と、利益積立金額の中での内部振替が生じるだけです。

③　税務調整

利益積立金額　900 E ／ 資本金等の額　900 F

別表五(一)Ⅰ．利益積立金の額の計算に関する明細書　（単位：千円）

区　分	期首現在利益積立金額	当期の増減		差引翌期首現在利益積立金額
		減	増	
	①	②	③	④
利益準備金				
資本金等の額			E △900	
繰越損益金			D 900	
差引合計額		0	0	

別表五(一)Ⅱ．資本金等の額の計算に関する明細書　（単位：千円）

区　分	期首現在資本金等の額	当期の増減		差引翌期首現在資本金等の額
		減	増	
	①	②	③	④
資本金				
資本準備金		A 900		
その他資本剰余金		C 900	B 900	
利益積立金額			F 900	
差引合計額		1,800	1,800	

(3) 株主側の処理

株主側では、会計処理及び税務処理ともに不要です。

(4) 欠損填補を行った場合の地方税への影響

法定準備金を取り崩して欠損填補に充てた場合の地方税の取扱いは、資本金の額を取り崩して欠損填補に充てた場合と同様です（Ⅱの 3 (4)60～61頁参照）。

4 法定準備金の取崩しに係る会社法上の手続き

(1) 株主総会決議

法定準備金の額を減らすには、株主総会の普通決議が必要です（会法448①）。

ただし、定款で剰余金の配当等を取締役会で決定することができる旨を定めている会社は、欠損が生じている場合にはその欠損の額（分配可能額のマイナス）を超えない範囲内で準備金の額の減少を決議する時に限り、取締役会の決議により準備金の額の減少を行うことができます（会法459①二）。

【決議事項（会法448）】

- ・減少する準備金の額
- ・減少する準備金の額の全部又は一部を資本金とするときには、その旨及び資本金とする額
- ・準備金の額の減少の効力発生日

⑵　債権者保護手続き

準備金の額を減少させるには、債権者が異義を述べる機会を確保するために債権者に対する公告・催告が必要です（会法449①②）。1か月以上の異義申述期間が必要です。ただし、準備金の額を減少するもののうち、次のものについては債権者保護手続きは不要です。

㈠　準備金を取り崩して資本金へ組み入れる場合（会法449①一）

㈡　定時株主総会等で欠損填補のための準備金の額の減少を決議する場合（会法449①二）

第 4 章

配当

Ⅰ　配当の概要

1　概要

株式会社は、事業活動により利益を上げて、これを構成員である株主に分配することを目的としています。株主への分配の最も基本的な形態は「剰余金の配当（会法453）」です。これは一般に「利益の配当」とも呼ばれますが、現行の会社法では、配当の原資は必ずしも利益とは限らないことから、会社法では「剰余金の配当」の用語を用いています。

また、株式会社は、自らが発行した株式（自己株式）を有償で取得することで株主に財産を分配することもできます。更に、上述のように利益以外を原資とした配当、具体的には資本金や資本準備金を減額して剰余金（その他資本剰余金）に組み入れれば、これを原資として株主に分配することが可能です。

ただし、債権者保護の観点から無制限に配当することは許されておらず、会社法では会社が株主に分配できる額に一定の規制（分配可能額規制）を設けています。

法人税法では、基本的に会社法上の手続きと支払原資により税務上の取扱いを区別するという枠組みとなっており、区分するとおおむね次のようになります。

①　利益剰余金を原資とする剰余金の配当

②　資本剰余金を原資とする剰余金の配当

③　有償による自己株式の取得

④　組織再編成

このうち、①はすべて利益を原資とする分配（配当）であり、受け取った株主の段階で配当課税（源泉所得税の課税）がなされます。また、②、③、④は剰余金の分配であり、資本を原資とする部分と利益を原資とする部分（みなし配当）とに所定の比率によって按分され、このうち利益を原資とする部分については、①と同様株主の段階で配当課税（源泉所得税の課税）がなされます。

2 剰余金の配当を検討する場面

剰余金の配当を検討する場面は、おおむね次のような場合です（法法24）。

		配当の検討場面	内容、具体例等
配当	①	利益の配当	通常の決算配当や中間配当が該当します。
みなし配当	②	資本の払戻し	剰余金（全体）を原資とする配当や解散に伴う残余財産の分配の場合が該当します。具体的には、均等割の引下げのための減資の場合などがこれに当たります。
	③	自己株式の取得	株式発行法人による有償での自己株式の取得です（市場における購入等による取得を除きます。）。株式発行法人の純資産の部の金額構成と自己株式の売買価額とにより、配当が発生する場合としない場合とに分かれます。
	④	非適格組織再編成	非適格合併、非適格分割型分割、非適格株式分配が該当します。
	⑤	出資の償却	被出資法人が取得した出資の消却、出資の払戻し、出資者の脱退による持分の払戻し等が該当します。
	⑥	組織変更	組織変更に際して法人の資産を交付した場合が該当します。

税務上は、上表の②から⑥によって配当が発生する場合を、通常の利益の配当と区別して「みなし配当」と呼んでいます。また、⑤と⑥は②のバリエーションであり、したがって、おおむね①から④の四つの場合が前記 **1** の四つの区分に対応することとなります。

なお、③の自己株式の取得について詳しくは第５章（103頁以下）を、また、④の非適格組織再編成について詳しくは第６章（175頁以下）を参照してください。

3 分配可能額の算定

上記 **2** に該当して配当が発生する場合には、会社法上、配当を行える限度額（分配可能限度額）が定められています。

会社法では、株主に対する金銭等の分配（いわゆる利益の配当）と、自己株式の有償取得を合わせて剰余金の配当等とし、統一的に分配可能な限度額（財源規制）を定めています（会法461）。

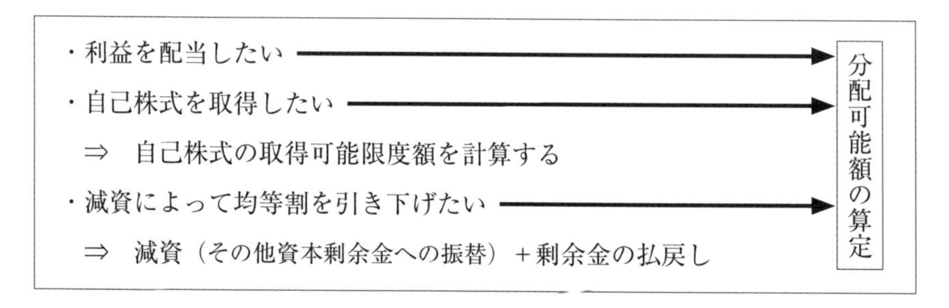

分配可能額は次のような手順で計算します。

1　最終事業年度末日における剰余金の額を計算する。

2　1で計算した剰余金の額に、最終事業年度末日後の資本取引による剰余金の額の変動を加減算する。

3　1で計算した剰余金の額を基礎に、一定の調整を行って分配可能額を計算する。

1　最終事業年度末日における剰余金の額の計算

「最終事業年度」（会法2二十四）は、具体的には分配の直近期の「確定した決算（法法74①）」になり、最終事業年度の剰余金は、以下のように計算されます（会法446一）。

貸借対照表（最終事業年度末日現在）

<table>
<tr><td rowspan="3">資産の額
（会法446一イ）</td><td>負債の額（会法446一ハ）</td></tr>
<tr><td>資本金及び準備金の額の合計額
（会法446一ニ）</td></tr>
<tr><td rowspan="2">法務省令（計規149）で定める各勘定科目に計上した額の合計額※
（会法446一ホ）</td></tr>
<tr><td rowspan="2">自己株式の帳簿価額の合計額
（会法446一ロ）</td></tr>
<tr><td>剰余金の額
＝その他資本剰余金の額
＋その他利益剰余金の額</td></tr>
</table>

※　法務省令で定める各勘定科目に計上した額の合計額（会計規149）
　＝〔資産の額（会法446一イ）＋自己株式の帳簿価額の合計額（会法446一ロ）〕－〔負債の額（会法446一ハ）＋資本金及び準備金の額の合計額（会法446一ニ）〕－その他資本剰余金の額－その他利益剰余金の額

以上の計算をすると、最終事業年度の末日時点の貸借対照表の「その他資本剰余金」と「その他利益剰余金」の合計額だけが残ることとなります（会法446一、会計規149）。

最終事業年度末日における剰余金の額

2　分配時点における剰余金の額の計算

1で計算した最終事業年度末日における剰余金の額に、最終事業年度末日後の資本取引による剰余金の額の変動を加味することによって、株主への分配をする時点における剰余金の額を計算します（会法446二～七、会計規150）。

最終事業年度末日現在の剰余金の額 について

プラス……《最終事業年度末日後、分配時点までの》

・自己株式の処分差益（会法446二）

・資本金の額を減少して剰余金に組み入れた額（会法446三）
・準備金の額を減少して剰余金に組み入れた額（会法446四）
・その他（組織再編による剰余金増加額、株式交付に伴う支払業務の履行額）（会法446七、会計規150①五六）

マイナス……《最終事業年度末日後、分配時点までの》
・自己株式の消却額（会法446五）
・剰余金の配当額（会法446六）
・その他（剰余金の資本金・準備金への繰入額、剰余金の配当に伴う準備金繰入額、組織再編対価として交付する自己株式の帳簿価額、会社分割に際しての剰余金減少額）（会法446七、会計規150①一～四）

⬇

分配時点における剰余金の額

3　分配可能額の計算

2で計算した分配時点における剰余金の額を基礎に、次に掲げるような一定の調整を行って分配可能額を計算します（会法461②）。

①　純資産300万円制限

300万円から純資産の部の剰余金以外の各項目の合計額を減じて得た額（その額がゼロ未満の場合はゼロ）を、分配可能額から控除します（会法461②六、会計規158六）。これにより、純資産の額が300万円以上ない限り、株主への分配ができないこととなります。

②　自己株式の調整

分配時点における剰余金の額から分配時点における自己株式の帳簿価額と、最終事業年度末日後に自己株式を処分した場合の処分価額等を減じて分配可能額を算定します（会法461②三四、会計規158）。上記2の分配時点における剰余金の額の算定では、自己株式の処分差損益を反映させましたが、分配可能額の算定では、剰余金の額から自己株式の帳簿価額と自己株式の処分価額を差し引くことにより、分配可能額の算定には自己株式の処分差損益を反映させないことになります。

③　臨時決算をする場合の期間損益及び自己株式の処分対価の額

最終事業年度の末日後（進行年度）の損益取引による利益や損失を計上したとしても、進行年度が期末を迎え当該年度に係る計算書類の承認を受けるまでは、剰余金の額は変動せず分配可能額にも影響しないのが原則です。したがって、分配時における剰余金には、最終事業年度の末日から分配時点までの期間損益は含まれません。しかし、臨時計算書類（会法441①）を作成し、株主総会等で承認を受けた場合は、臨時決算日の属する事業年度の初日から臨時決算日までの期間の損益とその期間の自己株式の処分対価は分配可能額に加算します（会法461②二）。

以上に掲げたものが分配可能額となりますが、一般に、中小会社において、最終事業年度末日以後剰余金の配当を行うまでの間に資本取引がない場合には、分配可能額は次のようになります。

会社法上の分配可能額の計算（一般的な中小会社の場合）（会法461）

分配可能額
＝その他資本剰余金の額＋その他利益剰余金の額
－自己株式の帳簿価額

なお、以下の点に特に注意してください。

・分配可能額には、最終事業年度末日から分配時点までの「期間損益」は含まれません。
・純資産額が300万円未満の場合は「剰余金の配当」ができません。
・剰余金の配当をした場合には、配当額の1/10を「資本準備金」又は「利益準備金」に計上（資本金の1/4に達するまで）する必要があります（会法445④、会計規22）。

〔参考〕分配可能額による規制を受ける行為

分配可能額による規制を受ける株主への分配とは、剰余金の配当（会法461①八）のほか、自己の株式の有償取得のうち一定のものが含まれます。すなわち、いわゆる「利益の配当」に加えて自己株式の取得や株式の払戻しによって「みなし配当」が発生する場合にも、財源規制の適用を受けることになります。

中でも「株主との合意による自己株式の有償取得（会法155三）」は、通常行われる自己株式の取得態様であり、当然に財源規制の適用を受けることとなります。

また、特に、（会社法制定前の）「有償減資」は、会社法において①無償減資（資本金の資本剰余金への振替）と②資本の払戻し（剰余金の配当）に整理されており、このうち②の資本金の払戻し時にみなし配当が発生する可能性があることから、いわゆる「有償減資」に際しても財源規制の適用を受ける場合が発生することに注意が必要です。

4　受取配当等の益金不算入

法人である株主が配当を受け取った場合には、配当に係る法人株主の段階での二重課税排除措置として、受取配当の益金不算入の規定が設けられています。その概要は次のとおりです。

(1)　受取配当等の範囲

益金不算入の対象となる受取配当とは、剰余金の配当などをいいますが、そのほか資本の払戻しや自己株式の取得などによるみなし配当（**2** 参照）も含まれます。また、内容により益金不算入の対象とならないものもあります。具体的に、益金不算入の対象になるもの・ならないものをまとめると、次のようになります。

区分	項　目
益金不算入の対象となるもの	・剰余金の配当（株式等に係るものに限り、資本剰余金の額の減少に伴うもの並びに分割型分割によるもの及び株式分配を除きます。）（法法23①一） ・利益の配当（分割型分割によるもの及び株式分配を除きます。）（法法23①一） ・剰余金の分配（出資に係るものに限ります。）（法法23①一） ・投資信託及び投資法人に関する法律137条の金銭の分配（出資総額等の減少に伴う金銭の分配として財務省令で定めるもの（出資等減少分配）を除きます。）（法法23①二） ・資産の流動化に関する法律115条1項に規定する特定目的会社の金銭の分配（法法23①三） ・みなし配当（法法24①）⇒　**2**（73頁）参照 ・特定株式投資信託（外国株価指数連動型特定株式投資信託を除きます。）の収益の分配（措法67の6） ・その他〔法人税基本通達によるもの〕 　・名義株等の配当（法基通3-1-1） ※　外国子会社からの受取配当（法法23の2）……受取配当等の益金不算入（法法23）とは別の制度により益金不算入の対象になります。
益金不算入の対象とならないもの	・剰余金の配当、利益の配当、剰余金の分配の額のうち外国法人若しくは公益法人等又は人格のない社団等から受けるもの及び適格現物分配に係るもの（法法23①） ・短期保有株式等の配当金（法法23②） ・自己株式等の取得が予定されている株式等に係るみなし配当（法法23③）⇒なるほど！プラス（100頁）参照 ・協同組合等の事業分量配当金（法法60の2） ・保険会社の基金利息、契約者配当金（法法60①等） ・特定目的会社から受ける利益の配当（措法67の14④） ・投資法人から受ける配当等（措法67の15④） ・公社債投資信託の収益の分配金 ・公社債投資信託以外の証券投資信託の収益の分配金 ・貸付信託の収益分配金 ・外国投資信託の収益の分配金 ・その他〔法人税基本通達によるもの〕 　・名義書換え失念株の配当（法基通3-1-2） 　・信用取引に係る配当落調整額（法基通3-1-6）

(2) 益金不算入の額の計算

法人が受け取る配当等の額は、配当等の額に係る株式等を、完全子法人株式等、関連法人株式等、非支配目的株式等及び以上のいずれにも該当しない株式等（その他の株式等）に区分して、それぞれの区分ごとに益金不算入額の計算を行い、その合計額が受取配当等の益金不算入額となります（法法23①）。

	株式等の区分 （株式保有割合等）	益金不算入額の計算
①	完全子法人株式等 （100％）	益金不算入額 ＝完全子法人株式等に係る配当等の額（全額）
②	関連法人株式等 （1／3超）	益金不算入額＝関連法人株式等に係る配当等の額－関連法人株式等に係る負債利子の額(※) ※　関連法人株式等に係る負債利子の額 ＝関連法人株式等に係る配当等の額×4／100 ただし、その事業年度に支払う負債利子の額の10/100が上限となります。
③	その他の株式等 （①②④以外）	益金不算入額 ＝その他の株式等に係る配当等の額×50％
④	非支配目的株式等 （5％以下）	益金不算入額 ＝非支配目的株式等に係る配当等の額×20％

①　完全子法人株式等

完全子法人株式等とは、配当等の額の計算期間の初日[1]からその計算期間の末日まで継続して内国法人とその支払を受ける配当等の額を支払う他の内国法人（公益法人等及び人格のない社団等を除きます。）との間に完全支配関係[2]がある場合の当該他の内国法人の株式等をいいます。なお、その支払を受ける配当等の額がみなし配当であるときは、その支払に係る効力が生ずる日の前日においてその内国法人と当該他の内国法人との間に完全支配関係がある場合の当該他の内国法人の株式等をいいます（法法23⑤、法令22の2①）。

1　原則として前回の配当等の額の支払に係る基準日の翌日をいいます。
2　一の者が法人の発行済株式等の全部を直接若しくは間接に保有する関係（当事者間の完全支配の関係）又は一の者との間に当事者間の完全支配の関係がある法人相互の関係をいいます（法法2十二の七の六）。

②　関連法人株式等

関連法人株式等とは、内国法人（その内国法人との間に完全支配関係がある他の法人を含みます。）が他の内国法人（公益法人等及び人格のない社団等を除きます。）の発行済株式等（当該他の内国法人が有する自己の株式等を除きます。）の総数又は総額の３分の１を超える数又は金額の当該他の内国法人の株式等（完全子法人株式等を除きます。）を、その内国法人が当該他の内国法人から受ける配当等の額の計算期間の初日（当該初日から当該計算期間の末日までの期間が６か月を超える場合等は当該末日から６か月前の日の翌日）から当該計算期間の末日まで引き続き有している場合をいいます（法法23④、法令22）。

③　非支配目的株式等

非支配目的株式等とは、内国法人（その内国法人との間に完全支配関係がある他の法人を含みます。）が他の内国法人（公益法人等及び人格のない社団を除きます。）の発行済株式等（当該他の内国法人が有する自己の株式等を除きます。）の総数又は総額の100分の５以下の数又は金額の当該他の内国法人の株式等を、この内国法人が当該他の内国法人から受ける配当等の額に係る基準日等（みなし配当の場合はその効力発生の前日）において有する場合をいいます（法法23⑥、法令22の３①）。

Ⅱ 利益剰余金の配当

法人の剰余金の分配（配当）のうち、最も基本的な、利益剰余金のみを原資とした配当について説明します。利益剰余金の金銭による配当であり、決算の確定に伴う剰余金の配当や中間配当の場合の事例です。

【設例】（単位：千円）

当社（非上場法人）は、当期（X２期）の決算に係る株主総会において、以下の決算書類が承認された。

・損益計算書　当期純利益　15,000 A

・株主資本等変動計算書

	株主資本				
	資本金	利益準備金	その他利益剰余金 繰越利益剰余金	利益剰余金合計	株主資本合計
前期末残高	10,000	1,000	20,000	21,000	31,000
当期変動額					
剰余金の配当		200	△2,200	△2,000	△2,000
当期純利益			15,000	15,000	15,000
当期変動額合計		200	12,800	13,000	13,000
当期末残高	10,000	1,200	32,800	34,000	44,000

（注）前期（X１期）の確定した決算に係る剰余金処分による配当は2,000千円 B である。

（注）当期（X２期）の確定した決算に係る剰余金処分による配当は1,000千円である。

(1) 発行する法人の処理

① 会計処理

（源泉所得税の処理は省略しています。詳しくは後記【源泉徴収の処理】（85頁）を

参照してください）

〔X１期の決算配当〕X２期中に支払い

前期繰越利益	2,200	未払配当金	2,000 B
		利益準備金	200 C
未払配当金	2,000	現　預　金	2,000

〔X２期の決算配当〕X３期中に支払い

前期繰越利益	1,100	未払配当金	1,000
		利益準備金	100
未払配当金	1,000	現　預　金	1,000

② **税務処理**

①と同じ。

③ **税務調整**

(イ)　調整仕訳　なし

(ロ)　X２期の別表四

別表四　　　　　　　　　　　　（単位：千円）

X２期中に行った配当の金額

区　分	総額	処分		
		留保	社外流出	
当　期　利　益	A 15,000	13,000	配当	B 2,000

(ハ)　X２期の別表五(一)

別表五(一)Ⅰ．利益積立金額の計算に関する明細書　（単位：千円）

区　分	期首現在利益積立金額	当期の増減		差引翌期首現在利益積立金額
		減	増	
	①	②	③	④
利益準備金	1,000		C 200	1,200
繰越損益金	20,000	20,000	32,800	32,800

別表五(一)Ⅱ．資本金等の額の計算に関する明細書　（単位：千円）

区　分	期首現在資本金等の額	当期の増減		差引翌期首現在資本金等の額
		減	増	
	①	②	③	④
資本金又は出資金	10,000			10,000
その他資本剰余金				
差引合計額	10,000			10,000

(2)　株主の処理

○　株主が個人の場合

受け取った配当の金額は、原則として配当所得の収入金額になるとともに、配当税額控除の対象となります。配当所得の金額は、配当の収入金額から株式取得のための借入金の利子の額を控除した金額です。

※　非上場株式等の配当金で、１銘柄につき年間の配当金額が100千円以下のものは、申告せずに源泉徴収だけで済ませることもできますが、住民税の申告は必要です。

○　株主が法人の場合

受け取った配当の金額は、受取配当等の益金不算入の対象となります。また、源泉徴収された税額は、所得税額控除の対象となります。

X２期の決算配当（1,000千円）に係る受取配当等の益金不算入額の計算は、次のとおりです（いずれの場合も数年前から保有しているものとします。）。

①　完全子法人株式等の場合（親会社X社は当社の株式を全株保有）

・X社の受取配当額　⇒　1,000×100％＝1,000

益金不算入額＝1,000

②　関連法人株式等の場合（X社は当社の株式を50％保有）

・X社の受取配当額　⇒　1,000×50％＝500

・X社の支払利子の総額を2,000と仮定

益金不算入額＝500－20※＝480

※　500×４％＝20

2,000×10％＝200

20＜200　∴20

③　その他の株式等の場合（X社は当社の株式を20％保有）

・X社の受取配当額　⇒　1,000×20％＝200

益金不算入額＝200×50％＝100

④　非支配目的株式等の場合（X社は当社の株式を５％保有）

・X社の受取配当額　⇒　1,000×５％＝50

益金不算入額＝50×20％＝10

【源泉徴収の処理】

配当を支払った場合には、支払法人は配当の金額に対して20.42％の源泉徴収が必要です。

ただし、配当等の支払を受ける株主が内国法人であって、全額（又はほぼ全額）が益金不算入の対象とされる完全子法人株式等及び関連法人株式等に相当

する一定の株式等に係る配当等（次の①及び②に掲げるもの）については、源泉徴収が不要とされています（所法177）。この取扱いは、令和５年10月１日以後に支払を受けるべき配当等について適用されます。

①　完全子法人株式等（株式等保有割合100%）に係る配当等

②　基準日等において、その内国法人が他の内国法人（一般社団法人等を除きます。）の株式等の３分の１超保有する場合の、当該他の内国法人の株式等に係る配当等

なお、上記①及び②の判定に当たっては「自己の名義をもって有するもの」に限られており、組合や信託経由で所有するものは除かれます。また、②の保有割合の判定は配当等の額に係る基準日等の一時点で行うこととされています。これは源泉徴収段階で源泉徴収義務者がその判断を行う必要があるためです。

Ⅲ　みなし配当

株主等に対する金銭等の分配のうち、利益剰余金を原資とするもの以外のもので、資本金等の額に対応する部分の金額を超える金額については、配当の額と「みなす」こととされています（法法24）。この規定は、平成18年度の税制改正において、資本剰余金を原資とする分配は本来の配当から除かれることとなったために設けられたものです。

みなし配当の金額は、次のように表すことができます（法法24柱書）。

みなし配当の金額	＝	交付を受けた金銭の額及び金銭以外の資産の価額の合計額	－	株式発行法人の資本金等の額のうちその交付の基因となったその法人の株式又は出資に対応する部分の金額

また、みなし配当が発生する事由は、法人税法上、次のような場合であるとされています（法法24①）

根拠法 （法法24①）	みなし配当の発生事由
１号	**合併**（適格合併を除きます。）
２号	**分割型分割**（適格分割型分割を除きます。）
３号	**株式分配**（適格株式分配を除きます。）
４号	**資本の払戻し**（剰余金の配当（資本剰余金の額の減少に伴うものに限ります。）のうち分割型分割によるもの及び株式分配以外のもの並びに出資等減少分配をいいます。）又は**解散による残余財産の分配**
５号	**自己の株式又は出資の取得**（金融商品取引法第２条第16項《定義》に規定する金融商品取引所の開設する市場における購入による取得その他の政令で定める取得及び第61条の２第14項第１号から第３号まで《有価証券の譲渡益又は譲渡損の益金又は損金算入》に掲げる株式又は出資の同項に規定する場合に該当する場合における取得を除きます。）
６号	**出資の消却**（取得した出資について行うものを除きます。）、**出資の払戻し**、社員その他法人の出資者の退社又は脱退による持分の払戻しその他株式又は出資をその発行した法人が取得することなく消滅させること。
７号	**組織変更**（当該組織変更に際して当該組織変更をした法人の株式又は出資以外の資産を交付したものに限ります。）

1　みなし配当の基本的考え方

法人から株主に対して、株主の地位に基づいて行う金銭や金銭以外の資産の交付を分配といいますが、分配には「利益」の分配と「資本」の分配の２種類があります。利益の分配とは法人の獲得した利益の蓄積部分（利益剰余金）を原資とするものであり、資本の分配とは株主の拠出した資本部分を原資とする分配（資本の払戻し）です。わが国の税法上は、利益積立金を原資とする分配（利益配当）は、株主段階での課税（配当課税）を行うとともに、資本部分を原資とする資本の払戻しであったとしても、一定のものについては株主に対する交付額のうちに利益を原資とする部分が含まれているものとみなして配当課税を行うこととしています（なるほど！プラス（99頁参照））。

資本の払戻しから配当が発生する理由は、法人税法が、剰余金の減少を「利益を原資とする部分」と「資本を原資とする部分」とが比例的（プロラタ）に減少しているとして、それぞれに区分して課税関係を規定しているためです。すなわち、資本剰余金の額の減少にともなう剰余金の配当により、株主に金銭その他の資産（交付金銭等）の交付を行った場合、交付金銭等を資本金等の額（原資部分）と利益積立金額（利益部分）の比率で按分して（プロラタ計算）、それぞれの部分からの払戻しとし、そのうち利益積立金額からの払戻部分を配当とみなすことにしているのです。したがって、みなし配当の金額はⅢの冒頭に掲げる計算式のようになります。そのイメージは、次のとおりです。

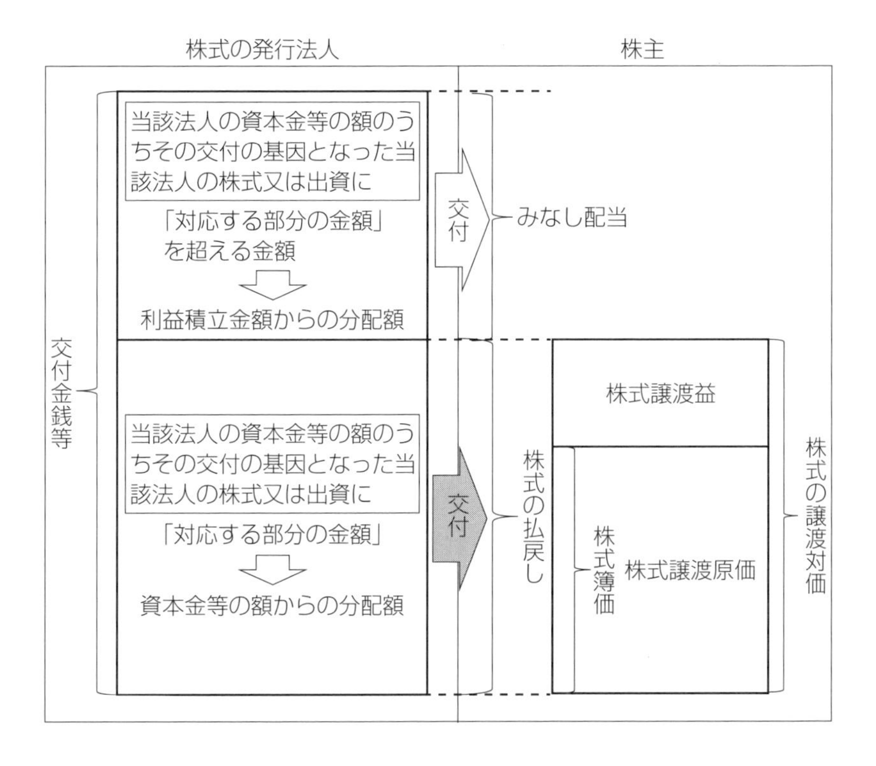

また、株式の発行法人及び株主の課税関係をまとめると、次のようになります。

株式の発行法人	株主
○利益剰余金からの配当 ⇒支払配当 ○資本剰余金の減少に伴う剰余金の配当（法法24①） ⇒資本金等の額の払戻し ＋みなし配当 ・払戻額のうち資本金等の額に対応する部分 ⇒資本金等の額の減少 ・払戻額のうち資本金等の額を超える部分 ⇒利益積立金額からの払戻し（みなし配当）	○配当⇒配当の益金不算入（法人株主）又は配当所得と配当税額控除（個人株主） ○剰余金の払戻し ・払戻額－資本金等の額の減少額＝みなし配当額 ・払戻額－みなし配当額＝（株主にとっての）株式の譲渡対価

2　みなし配当と資本金等の額との区分

剰余金の分配によってみなし配当が発生する場面は、本章Ⅰの2（73頁）で述べたとおりですが、ここでは最も事例が多いと考えられる②の資本の払戻し（資本剰余金を原資とする剰余金の配当）と③の有償による自己株式の取得について、みなし配当の金額と資本金等の額との区分計算をみていきます。この両者は配当とみなす金額の計算方法が異なっていることに注意してください。

(1)　資本の払戻し（剰余金の配当）の場合（法法24①四）

法人税法上の資本の払戻しとは、「剰余金の配当（資本剰余金の額の減少に伴うものに限る。）のうち分割型分割によるもの及び株式分配以外のもの並びに出資等減少分配をいう。」（法法24①四）ものとされています。そして、資本の払戻しの処理は、すべて資本剰余金からの配当であるにも関わらず、税法上は剰余金から平均的に払い戻すと考えるため、資本金の払戻しだけではなく、利益の配当（みなし配当）も発生することになります。

なお、条文上「資本剰余金の額の減少に伴うもの」とは、剰余金の配当手続において資本剰余金が減少したものをいいますから、例えば、配当原資の都合等で、一部分を利益剰余金を原資として配当し他の部分を資本剰余金を取り崩して行う場合（混合配当）には、法人税法上は全体が資本の払戻しとしてみなし配当の計算をすることとなります。

通常の（種類株式を発行していない）法人において、資本の払戻しがあった場合には、資本金等の額のうち交付の基因となった株式等に対応する部分の金額（払戻等対応資本金額等の額）が払戻金銭等の額を超えるときは、その超える部分の金額がみなし配当となります（法令23①四イ）。

※　種類株式発行法人の処理（法令23①四ロ）については、省略しました。

①　払戻等対応資本金額等の額の計算

払戻等対応資本金額等の額は、払戻し等の直前の資本金等の額に、前期期末時の簿価純資産価額（前期期末時から払戻し等の直前の時までの間に資本金等の額又は利益積立金額が増加し、又は減少した場合には、その増加した金額を加算し、又はその減少した金額を減算した金額となります。）のうちに占める減少させた資本剰余金の額の割合を乗じて計算した金額をいいます。

ただし、その計算した金額が資本の払戻し等により減少した資本剰余金の額を超えるときは、その超える部分の金額を控除した金額となります。したがって、減少した資本剰余金の額が上限となります。

具体的には以下の算式のとおりです。

払戻等対応資本金額等（減少した資本剰余金の額が上限）

$$= \text{払戻し等の直前の資本金等の額（直前資本金額）} \times \frac{\text{資本の払戻しにより減少した資本剰余金の額}^{(※2)}}{\text{払戻し等の日の属する事業年度の前事業年度終了の時の資産の帳簿価額から負債の帳簿価額を減算した金額}^{(※1)}}$$

（分数の割合）

・直前資本金額等が零以下である場合には零とします。

・直前資本金額等が零を超え、かつ、分母の金額が零以下である場合には1とします。
・分数の割合に小数点以下3位未満の端数があるときはこれを切り上げます。
（※1〔分母の金額〕）
・前事業年度終了の時から払戻し等の直前の時までの間に資本金等の額又は利益積立金額が増加し、又は減少した場合には、その増加した金額を加算し、又はその減少した金額を減算した金額とします。
・分母の金額は資本の払戻しの日の属する事業年度の前事業年度終了の時の金額に基づき計算しますが、資本の払戻しの日以前6月以内に仮決算に基づく中間申告書（法法72①⑤）の提出があるときはその中間申告期間終了の時の金額によります。
（※2〔分子の金額〕）
・分子の金額が分母の金額を超える場合には、分母の金額とします。

②　みなし配当の額の計算

・払戻等対応資本金額等の額　＜　払戻額　の場合
　払戻額（交付金銭等の額）－払戻等対応資本金額等の額
　＝利益積立金額の減少額（みなし配当額）
・払戻等対応資本金額等の額　≧　払戻額　の場合
　払戻額（交付金銭等の額）＝払戻等対応資本金額等の額
　⇒　みなし配当なし
※　払戻等対応資本金額等は払戻額（交付金銭等の額）が上限となります。
　なお、株主が複数である場合には、株式数に基づいて株主ごとの額を按分計算します。

⑵　自己株式の取得の場合（法法24①六）

　考え方は上記⑴と同様に、自己株式の取得による金銭の払戻しは剰余金から平均的に行うと考えるため、自己株式取得に伴う資本金等の額の減少だけでなく、利益の配当（みなし配当）も発生します。したがって、株式の発行法人が自己株式等を取得した場合には、自己株式の取得価額のうち１株当たりの資本金等の額を超える部分はみなし配当として取り扱うこととなります。

通常の（種類株式を発行していない）法人が、自己株式等を取得した場合には、その取得により株主等が交付を受けた金銭及び金銭以外の資産の価額の合計額が、資本金等の額のうち交付の基因となった株式等に対応する部分の金額（取得資本金額）を超える場合の、その超える部分の金額がみなし配当となります。

※　種類株式発行法人の処理（法令23①六ロ）については、省略しました。

①　取得資本金額の計算

取得資本金額の計算は、次のとおりです。

取得資本金額

$$= \frac{\text{取得法人の自己株式の取得等の直前の資本金等の額}}{\text{取得等法人の直前の発行済株式等（有する自己株式を除きます。）の総数}} \times \text{株主である法人が直前に有していた取得等法人の自己株式の取得等に係る株式の数}$$

※　直前の資本金等の額が零以下である場合には、上記の算式の計算結果は零となります。

②　みなし配当の額の計算

・取得資本金額　＜　自己株式取得に伴う交付金銭等の額　の場合

交付金銭等の額　－　取得資本金額

＝利益積立金額の減少額（みなし配当額）

・取得資本金額　≧　自己株式取得に伴う交付金銭等の額　の場合

交付金銭等の額　＝　取得資本金額

⇒　みなし配当なし

※　取得資本金額は交付金銭等の額が上限となります。

なお、株主が複数である場合には、株式数に基づいて株主ごとの額を按分計算します。

3　資本剰余金を原資とした資本の払戻し（(旧）有償減資）

会社法の施行（平成18年）までは、資本の減少である「減資」には、資本金の額の減少のみを行う減資（純資産の部の計数の変更）である無償減資と、資本金の額を減少させると同時に株主に金銭を交付する有償減資とが認められていました。これが平成18年の会社法の施行により、減資とは、資本金という「計数の減少」である無償減資のみを指すものとされました。そして、減資と株式の消却が完全に切り離されたことにより、従来の（旧）有償減資は、次の二つからなるものと整理されました。

①　（無償）減資　⇒　資本金の資本剰余金への振替え

②　資本の払戻し　⇒　剰余金の配当

したがって、会社法上は資本金の資本剰余金への振替えと資本の払戻し（剰余金の配当）となりますが、税務上は従来の有償減資と同様の処理となります。

以下では、資本剰余金を原資とした資本の払戻し（(旧）有償減資）において、みなし配当の処理を中心に説明します。

【設例】　（単位：千円）

当社は、当期においてその他資本剰余金を原資として4,000千円の剰余金の配当を行った。なお、当社の会計・税務上の数値は、以下のとおり（源泉所得税は加味しない。)。

・前事業年度末における純資産の部の帳簿価額　20,000

※　前事業年度末から剰余金の配当の時までに、資本金等の額及び利益積立金額の増減はない。

・前事業年度末における資本金等の額　12,000

※　内訳　資本金　8,000　資本剰余金　4,000

・資本の払戻しにより減少した資本剰余金の額　4,000

なお、株主であるX（当社の株式を10%所有）の状況は、次のとおり。

・交付を受けた金銭の額　4,000×10%＝400

・当社株式の取得価額（簿価）　150

(1)　資本の払戻しをする法人の処理

①　会計処理

その他資本剰余金　4,000 B ／ 現　預　金　4,000

②　税務処理

$$\text{払戻等資本金額等} = 12{,}000 \times \frac{4{,}000}{20{,}000}\text{※} = 2{,}400$$

※分数＝0.200（小数点3位未満切上げ）

みなし配当＝4,000－2,400＝1,600

借方		貸方	
資本金等の額	2,400	現　預　金	4,000
利益積立金額	1,600 A		

③　税務調整

(イ)　調整仕訳

剰余金の処分により、払戻金額のうち資本金等の額を超える部分は利益積立金額から支払ったものとされるため（みなし配当）、みなし配当による支払額として利益積立金額を1,600千円減少Aさせる必要があります。したがって、別表四の当期利益を配当1,600千円の流出Aとし、これによって留保欄が同額減少するので、別表五(一)の利益積立金額も1,600千円減少Aさせることとなります。

会計上はその他資本剰余金を4,000千円減少Bさせて剰余金の配当をしていますが、税務上は資本金等の額2,400千円と利益積立金額1,600千円の減少Aとなるため、資本金等の額を2,400千円のみ減少させる必要があります。したがって、資本金等の額を1,600千円増加Cさせることで資本金等の額の減少額が2,400千円となります。

資本金等の額　2,400　／　その他資本剰余金　4,000
利益積立金額　1,600 A C　／

(ロ)　別表四

剰余金の配当の支払をしても、資本等取引であり所得金額に変動はないため、基本的に別表四の記載（加算・減算部分）はありません。なお、期中にみなし配当が発生した場合には、「当期利益」欄の「配当」に記載します。

別表四　（単位：千円）

区分		総額	処分		
			留保	社外流出	
当期利益		0	A △1,600	配当	A 1,600
加算					
減算					
所得金額又は欠損金額			△1,600		1,600

みなし配当の金額

(ハ)　別表五(一)

別表五(一)Ⅰ．利益積立金額の計算に関する明細書　（単位：千円）

区分	期首現在利益積立金額	当期の増減		差引翌期首現在利益積立金額
		減	増	
	①	②	③	④
利益準備金				
資本金等の額			A △1,600	△1,600
繰越損益金			0	0
差引合計額			△1,600	△1,600

法令9「12号」により、利益積立金額が、払戻額のうち減資資本金額を超える金額（みなし配当部分）だけ減算

別表五㈠Ⅱ．資本金等の額の計算に関する明細書　　(単位：千円)

区　分	期首現在資本金等の額	当期の増減		差引翌期首現在資本金等の額
		減	増	
	①	②	③	④
資本金又は出資金	8,000			8,000
その他資本剰余金	4,000	B 4,000		0
利益積立金			C 1,600	1,600
差引合計額	12,000	4,000	1,600	9,600

法令8「18号」により、資本の払戻しによる減資資本金額部分を減算
減算（4,000）－加算（1,600）
＝減資資本金額（2,400）

資本の払戻しを行って減少した資本金等の額（2,400）の部分だけ減少

⑵　株主の処理

交付金銭等の額400千円は、みなし配当部分160千円（＝1,600×10％）と株式の譲渡対価240千円（＝400－160）とに区分されます。

○　株主が個人の場合

株式等の譲渡所得（申告分離課税）240‐150（取得価額）＝90

配当所得　160

みなし配当の金額は、原則として配当所得の収入金額となるとともに、配当税額控除の対象となります。配当所得の金額は、配当の収入金額から株式取得のための借入金の利子の額を控除した金額となります。

※　非上場株式等の配当金で、1銘柄につき年間の配当金額が100千円以下のものは、申告せずに源泉徴収だけで済ませることもできますが、住民税の申告は必要です。

○　株主が法人の場合

株式の譲渡益　240‐150（帳簿価額）＝90

みなし配当の金額　160

みなし配当の金額は、受取配当等の益金不算入の対象となります（詳しくは

Iの4（78頁以下）を参照してください。)。また、源泉徴収された税額は、所得税額控除の対象となります。

なるほど！プラス：資本の払戻しからみなし配当が発生する理由

法人の株主の地位に基づく分配（配当）には、利益剰余金を原資とするもの（利益の配当）と、株主の拠出資本を原資とするもの（資本の払戻し）の２種類がありますが、配当に係る株主段階の課税（配当課税）においては、前者のみ課税し、後者を課税しないという制度設計も可能です。しかし、わが国の制度上は、後者の資本の払戻しに対しても、一部分は配当が含まれているとして（みなし）配当課税を行うこととしています。

これは、法人が計算上の操作によって株主に対する配当課税を回避することを防止するための措置です。例えば、利益剰余金を有する会社が、その他資本剰余金から剰余金の配当をした場合に、会社法上は資本を原資とする分配になりますので、会社法と同様の取扱いを法人税法が行う（法性決定する）と、配当課税がなされないこととなります。みなし配当課税は、このような状況を防止して適正な配当課税を行うために設けられたものとされています。

なるほど！プラス：株式をその発行法人に譲渡した場合の税務上の効果

法人株主が有する株式をその発行法人に売り渡す場合、発行法人は自己株式の取得に該当し、法人株主にとっては自己株式の譲渡に際してみなし配当が発生します。例えば以下のような事例の場合、法人株主は、株式譲渡損とみなし配当に係る益金不算入の2つのメリットを得ることになります。節税効果を利用した税負担軽減スキームに対処するため、公開買付けなど発行法人が自己株式として取得することを予定している株式を取得し、予定どおり発行法人に買い取られる場合には、これにより生ずるみなし配当について益金不算入制度を適用しないとする対策が設けられています（法法23③）。

【例】株主X社　簿価100で取得し120でA社に売却

株式発行会社A社　1株当たり資本金等の額　20

自己株式を相対取引により取得・譲渡した場合の処理

A社仕訳		X社仕訳	
資本金当の額　20 利益積立金　100	現預金　120	現預金　120 譲渡損　80	有価証券　100 みなし配当　100

※　配当に係る源泉所得税の処理は省略しました。

譲渡損失の計上　　受取配当等の益金不算入

⇓

A社が取得することを予定している株式として取得していた場合は、益金不算入の対象外となります。

なるほど！プラス：子会社からの配当と子会社株式の譲渡を組み合わせた租税回避への対応

法人が外国子会社株式等を取得した後、子会社から受け取った配当を益金不算入（非課税）とするとともに、配当により時価が下落した子会社株式を譲渡すること等により、譲渡損失を創出させるという国際的租税回避スキームに適切に対応する観点から、「子会社株式簿価減額特例」が設けられています（法令119の3⑩）。

図表　子会社からの配当と子会社株式の譲渡を組み合わせた租税回避のイメージ

《イメージ》

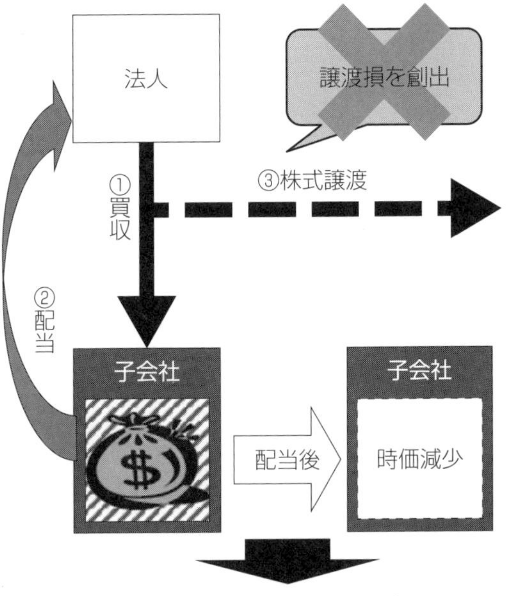

法人
譲渡損を創出
①買収
③株式譲渡
②配当
子会社
配当後
子会社
時価減少
株式帳簿価額を引下げ

〔出典：財務省　令和４年度税制改正資料〕

この制度は、法人が、⑴一定の支配関係にある外国子会社等から⑵一定の配当額（みなし配当金額を含みます。）を受ける場合に、株式等の帳簿価額から、その配当額のうち益金不算入相当額を減額するというものです。なお、株式等の帳簿価額から減額される金額からは、支配関係発生後の利益剰余金から支払われたものと認められる部分の金額を除くことができます。

第5章

自己株式

Ⅰ　自己株式の取得を検討するケース

法人が自己株式を取得した場合には、上場会社等の市場取得[1]を除き、法人税法上は資本金等の額の減少及び利益積立金額の減少（みなし配当）として処理されます。

自己株式を取得するケースは、次のように様々なものが考えられます。

・買取りを希望する株主からの取得
　→株主に資金が必要など
・株主構成を整理するための自己株式の取得（少数株主からの買取り等）
　→組織再編の準備など
・相続又は遺贈により取引相場のない株式等を取得した相続人等からの取得
　→相続人等の納税資金の確保など
・合併等の組織再編による自己株式の取得
　→被合併法人が合併法人株式を有していた場合など

1　自己株式取得の会社法上の取扱い

自己株式は一定の場合に取得することができます（会法155）。

主な自己株式の取得事由と財源規制の関係は、以下のとおりです。

1　上場会社が市場購入により取得した場合には、利益積立金額の減少を認識しません。

自己株式の取得事由（根拠条文）	財源規制の適用（根拠条文）
取得条項付株式の取得事由の発生による取得（会法155一）	適用あり（会法170⑤）
譲渡制限付株式の買取人に会社がなる場合（会法155二）	適用あり（会法461①一）
株主との合意による有償取得（会法155三）	適用あり（会法461①二三）
取得請求権付株式の取得の請求に基づく取得（会法155四）	適用あり（会法166①ただし書）
全部取得条項付種類株式の全部取得（会法155五）	適用あり（会法461①四）
相続人等に対する売渡請求に基づく買取り（会法155六）	適用あり（会法461①五）
単元未満株式の買取請求に基づく買取り（会法155七）	適用なし
所在不明株式の売却手続における買取り（会法155八）	適用あり（会法461①六）
端数株式の売却手続における買取り（会法155九）	適用あり（会法461①七）
事業の全部譲渡の際に譲渡会社から譲り受ける場合（会法155十）	適用なし
合併の際に消滅会社から承継する場合（会法155十一）	適用なし
吸収分割をする会社から承継する場合（会法155十二）	適用なし
無償取得の場合（会法155十三、会則27一）	適用なし
剰余金の配当又は残余財産の分配として取得する場合（会法155十三、会則27二）	適用なし
組織の変更・合併等の対価として取得する場合（会法155十三、会則27三）	適用なし
新株予約権の取得の対価として取得する場合（会法155十三、会則27四）	適用なし

2　自己株式取得の財源規制

自己株式を取得する場合には、株主に対して交付する金銭等の総額がその効力を生ずる日における分配可能額を超えてはなりません（会法461）。

分配可能額の計算式は簡略化すると次のようになります（詳細は第４章「配当」74頁参照）。

分配可能額

＝その他資本剰余金の額＋その他利益剰余金の額－自己株式の帳簿価額

※金額はいずれも自己株式を取得する直前の額によります。

3 自己株式取得の手続き

自己株式を取得する場合には、原則として以下の手続きが必要となります。

(1) 自己株式を取得する前の手続き

① 特定の株主から取得する場合の手続きの流れ

・売主追加請求の通知（会法160②③）

・株主総会の特別決議（会法156、160①、309②）

・取締役会の決議（会法157）

・株主に対する通知（会法158）

・会社に対する譲渡の申込み（会法159①）

・名義書換（会法132）

② 全株主に対して買付け希望者を募る場合（いわゆる「ミニ公開買付」）の流れ

・株主総会の普通決議（会法156、309①）

・取締役会の決議（会法157）

・株主に対する通知（会法158）

・会社に対する譲渡の申込み（会法159①）

・名義書換（会法132）

(2) 自己株式を取得した後の手続き

自己株式を取得したことにより、利益積立金額の減少が生じた場合（＝みなし配当が生じた場合）には、原則として自己株式を取得した日の翌月10日までに源泉所得税を納付しなければなりません（所法181）。

また、「配当等とみなす金額に関する支払調書合計表」（161頁参照）を作成し、翌年１月31日までに納税地の所轄税務署長へ提出しなければなりません（所法225①）。

4 株主資本等変動計算書への記載

法人が自己株式を取得した場合には、株主資本等変動計算書への記載が必要となります。

（例）自己株式を2,100,000円で取得した場合

株主資本等変動計算書

自 令和6年4月1日　至 令和7年3月31日

株式会社 ○○　　　　（単位：　円）

	株主資本									
	資本金	資本剰余金			利益剰余金				自己株式	株主資本合計
		資本準備金	その他資本剰余金	資本剰余金合計	利益準備金	その他利益剰余金		利益剰余金合計		
						別途積立金	繰越利益剰余金			
当期首残高	12,000,000	0	3,000,000	3,000,000	0	0	6,000,000	6,000,000	0	21,000,000
当期変動額										
自己株式の取得									-2,100,000	-2,100,000
当期純利益金額										0
当期変動額合計									-2,100,000	-2,100,000
当期末残高	12,000,000	0	3,000,000	3,000,000	0	0	6,000,000	6,000,000	-2,100,000	18,900,000

Ⅱ　自己株式を取得した場合の処理（法令８①二十、法令９①十四）

法人が自己株式を取得した場合には、取得資本金額に相当する金額については、資本金等の額が減少します。また、交付金銭等の額が取得資本金額を超えるときは、その超える部分の金額に相当する利益積立金額が減少（みなし配当）します。

これらを算式で表すと、次のようになります。

【取得資本金額（法令８①二十）】

自己株式を取得した場合における取得資本金額は、次のように算出されます。

$$\text{取得資本金額} = \frac{\text{自己株式取得直前の資本金等の額}}{\text{自己株式取得直前の発行済株式総数}} \times \text{取得した自己株式の数}$$

※資本金等の額がゼロ以下の場合は、分数の割合はゼロとなります。

つまり、１株当たりの資本金等の額を計算して、取得した自己株式の数を乗じて算出しています。

なお、取得資本金額が交付した金銭等の額を超える場合には、その超える部分の金額は取得資本金額には含まれません。

【利益積立金額の減少額（法令９①十四）】

自己株式を取得した場合における利益積立金額の減少額（みなし配当金額）は次のように算出されます。

$$\underset{\text{（みなし配当金額）}}{\text{利益積立金額の減少額}} = \text{交付した金銭等の額} - \text{取得資本金額}$$

法人税法上は、自己株式の取得に際して資本金等の額及び利益積立金額の減少を直接認識するのに対し、会社法及び会計ではこのような取扱いはなく、取得価額をもって純資産の部にマイナス表記をするにとどまります。

したがって、相対取引により自己株式を取得した場合には、会計処理と法人税法の規定による処理に差異が生じるため別表による調整が必要となります。

【事例】（単位：千円）

交付金銭	2,100千円（適正時価）
取得株式数	15株
発行済株式数	150株
資本金等の額	15,000千円

自己株式取得後のB／S

資本金	12,000
資本剰余金	3,000
利益剰余金	6,000
自己株式	△2,100

取得資本金額　：　$\dfrac{15{,}000}{150株} \times 15株 = 1{,}500$

利益積立金額の減少額　：　2,100（交付金銭）－ 1,500（取得資本金額）＝ 600

発行済150株	取得株15株
資本金等の額 15,000	取得資本金額 1,500
利益積立金額 6,000	利益積立金額 600
	交付金銭 2,100

1　自己株式を取得した法人（発行法人）の処理

(1)　会計処理

自己株式を取得した場合には、その取得のために交付した金銭等の価額を純資産の部のマイナス項目として処理します。

① **仕訳**（単位：円）

借方		貸方	
自己株式	2,100,000	現預金	1,977,480
		預り金	122,520

②　決算書表示

取得前貸借対照表（単位：円）

資　本　金	12,000,000
資本剰余金	3,000,000
利益剰余金	6,000,000

取得後貸借対照表（単位：円）

資　本　金	12,000,000
資本剰余金	3,000,000
利益剰余金	6,000,000
自己株式	△2,100,000

(2)　税務処理（単位：円）

法人税法においては、自己株式の取得は資本が払い戻されたものとして資本金等の額を減少させる処理となります。

借方	金額	貸方	金額
資本金等の額	1,500,000	現　預　金[2]	1,977,480
利益積立金額	600,000	預　り　金	122,520

※預り金：600,000×20.42％＝122,520円（源泉所得税等）

(3)　税務調整（単位：千円）

①　調整仕訳

借方	金額	貸方	金額
資本金等の額	1,500	自己株式	2,100
利益積立金額	600		

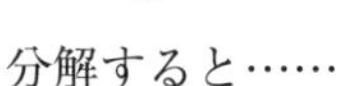

分解すると……

借方	金額	貸方	金額
資本金等の額	2,100 A	自己株式[3]	2,100
利益積立金額	600 C	資本金等の額	600 B

2　自己株式取得の対価として非適格現物分配があった場合には、分配した資産を時価で譲渡した処理となります。なお、適格現物分配に該当する場合には、分配した資産の帳簿価額にて処理します。
3　本書では「自己株式」勘定を一度「資本金等の額」に振り替える方法で説明しています。

②　別表四

みなし配当により利益積立金額が減少していますので、以下のように記載します。

別表四　　　　（単位：千円）

区　分	総額	処分		
		留保	社外流出	
当期利益又は当期欠損の額		△600	配当	600
			その他	

③　別表五(一)

別表五(一)Ⅰ．利益積立金額の計算に関する明細書　（単位：千円）

区　分	期首現在利益積立金額	当期の増減		差引翌期首現在利益積立金額
		減	増	
	①	②	③	④
利益準備金				
資本金等の額			C　△600	△600
繰越損益金	×□□	×□□	□□×	□□×

別表五(一)Ⅱ．資本金等の額の計算に関する明細書　（単位：千円）

区　分	期首現在資本金等の額	当期の増減		差引翌期首現在資本金等の増額
		減	増	
	①	②	③	④
資本金又は出資金	12,000			12,000
資本準備金				
その他資本剰余金	3,000			3,000
自己株式			A　△2,100	△2,100
利益積立金額			B　600	600
差引合計額	15,000	0	△1,500	13,500

1,500千円（15,000－13,500）の減少
【税務上の仕訳と一致】

※　［網掛け］は純資産の部の内部での振替調整のため、会計と税務との差異は解消されることなく基本的には消えずに残り続けます。

(4)　地方税均等割について

自己株式を取得した時点で資本金等の額の減少を認識しますが、地方税均等割の区分や事業税資本割については、次の算式により判定（詳細は第３章「減資」60頁参照）します。

法人税法上の資本金等の額　＞＜　資本金＋資本準備金　∴大きい金額

これは自己株式の取得で資本金等の額を減少させることによる地方税均等割等の減額を防止するための規定となります。

したがって、自己株式を取得しても均等割は減少しません。

2 売却した株主の処理

（単位：円）

※　譲渡直前の帳簿価額は1,200,000円とする。

(1)　法人株主の場合

①　会計処理

株式を売却した法人では有価証券の売却取引となりますので、次の仕訳となります。

借方	金額	貸方	金額
現預金	1,977,480	有価証券	1,200,000
法人税等	122,520	譲渡益	900,000

②　税務処理

会計処理と同様に、有価証券の売却取引となりますが、受領する金銭等にはみなし配当金額（発行法人における利益積立金額の減少額）が含まれますので、次の仕訳となります。ただし、完全支配関係がある法人間での取引については処理が異なります（本章Ⅶ「完全支配関係がある法人間での自己株式の譲渡」155頁照）。

借方	金額	貸方	金額
現預金[4]	1,977,480	有価証券	1,200,000
		譲渡益	300,000
法人税等	122,520	みなし配当	600,000

※　譲渡益　300,000＝取得資本金額　1,500,000－直前帳簿価額　1,200,000

　　みなし配当　600,000＝交付金銭　2,100,000－取得資本金額　1,500,000

4　発行法人より自己株式取得の対価として非適格現物分配があった場合には、分配を受けた資産を時価で計上します。なお、適格現物分配に該当する場合には、本章Ⅶ「完全支配関係がある法人間での自己株式の譲渡」（158頁）の処理となります。

③　税務調整

(イ)　調整仕訳

譲　渡　益　600,000 ／ みなし配当　600,000 （益金の項目振替）

(ロ)　別表四

別表四　（単位：円）

区　分		総　額	処分		
			留保	社外流出	
加算					
減算	受取配当等の益金不算入額	600,000		※	600,000

(ハ)　別表五(一)

調整なし

(2)　個人株主の場合

株式を売却した個人については法人株主と同様に、有価証券の売却取引とみなし配当金額の受領であるため、次の仕訳となります。

①　仕訳（法人株主の場合と同じです。）

借方		貸方	
現　預　金	1,977,480	有　価　証　券	1,200,000
		譲　渡　益	300,000
預　け　金	122,520	みなし配当	600,000

②　各種所得の金額

(イ)　有価証券の譲渡益

通常どおり、譲渡所得となります。

(ロ)　みなし配当金額

配当所得となり、総合課税の対象となります。

なお、配当控除や少額配当の場合の申告不要制度も適用があります。

Ⅲ　取得した自己株式を処分した場合の処理（法令8①一）

法人税法においては、自己株式の取得時に資本金等の額を減少しています。

そのため取得した自己株式を処分した場合には、通常の新株発行に準じた処理を行います。

1　取得した金額より高額で処分した場合

（単位：千円）

【前提】2,100千円にて取得した自己株式15株のうち10株を1,800千円（適正時価）で処分した。

※　相手方の処理は【有価証券1,800／現預金1,800】のみです。

(1)　会計処理[5]

会計上、法人が取得した自己株式をその後に処分した場合には、通常の新株発行に準じた処理を行います。その際、自己株式を取得価額と異なる価額で処分した場合には、その処分差額はその他資本剰余金として処理されます。

①　仕訳

借方	金額	貸方	金額
現預金	1,800	自己株式	1,400
		その他資本剰余金	400 A

※自己株式1,400＝2,100×$\frac{10株}{15株}$

5　自己株式及び準備金の額の減少等に関する会計基準9～10項

②　決算書表示

処分前貸借対照表（単位：千円）

	資　本　金	12,000
	資本剰余金	3,000
	利益剰余金	6,000
	自己株式	△2,100

処分後貸借対照表（単位：千円）

	資　本　金	12,000
	資本剰余金	3,400
	利益剰余金	6,000
	自己株式	△700

(2)　税務処理

会計と同様に新株発行の場合に準じた処理となりますが、取得時において資本金等の額及び利益積立金額を直接減額したことにより自己株式の帳簿価額が無いため処分差額は生じず、その全額が資本金等の額の増加となります。

現　預　金　　1,800　／　資本金等の額　　1,800

(3)　税務調整

①　調整仕訳

自己株式　　1,400　／　資本金等の額　　1,400 B

②　別表四

調整なし

③　別表五(一)

別表五(一)Ⅰ．利益積立金額の計算に関する明細書：調整なし（表示のみ）

（単位：千円）

区　分	期首現在利益積立金額	当期の増減		差引翌期首現在利益積立金額
		減	増	
	①	②	③	④
利益準備金				
資本金等の額	△600			△600
繰越損益金				

別表五(一)Ⅱ．資本金等の額の計算に関する明細書　（単位：千円）

区　分	期首現在資本金等の額	当期の増減		差引翌期首現在資本金等の額
		減	増	
	①	②	③	④
資本金又は出資金	12,000			12,000
資本準備金				
その他資本剰余金	3,000		A 400	3,400
自己株式	△2,100	B △1,400		△700
利益積立金額	600			600
差引合計額	13,500	△1,400	400	15,300

1,800千円（15,300－13,500）の増加
【税務上の仕訳と一致】

2　取得した金額より低額で処分した場合　（単位：千円）

【前提】2,100千円にて取得した自己株式15株のうち10株を1,000千円（適正時価）で処分した。

※　相手方の処理は【有価証券1,000／現預金1,000】のみです。

(1)　会計処理[6]

会計上、法人が取得した自己株式をその後に処分した場合には、通常の新株発行に準じた処理を行います。その際、自己株式を取得価額と異なる価額で処分した場合には、その処分差額はその他資本剰余金として処理されます。

なお、期末時点においてその他資本剰余金がマイナスとなっている場合には、その金額についてその他利益剰余金を減額してその他資本剰余金に充当します。

①　仕訳（処分直前におけるその他資本剰余金が０円、期末時はマイナス400千円）

	借方	金額	貸方	金額
（処分時）	現預金	1,000	自己株式	1,400
	その他資本剰余金	400		
（期末時）	利益剰余金	400 A	その他資本剰余金	400

※期末時におけるその他資本剰余金は△400千円であるため、その他利益剰余金400千円を充当します。

6　自己株式及び準備金の額の減少等に関する会計基準12項

②　決算書表示

（その他資本剰余金がゼロのケースとするため資本金を15,000千円としています。）

処分前貸借対照表（単位：千円）

	資　本　金	15,000
	資本剰余金	0
	利益剰余金	6,000
	自 己 株 式	△2,100

処分後貸借対照表（単位：千円）

	資　本　金	15,000
	資本剰余金	△400
	利益剰余金	6,000
	自 己 株 式	△700

期末時貸借対照表（単位：千円）

	資　本　金	15,000
	資本剰余金	0
	利益剰余金	5,600
	自 己 株 式	△700

(2)　税務処理

会計と同様に新株発行の場合に準じた処理となりますが、取得時において資本金等の額及び利益積立金額を直接減額したことにより自己株式の帳簿価額が無いため、処分差額は生じず、その全額が資本金等の額の増加となります。

（処分時）　現　預　金　1,000　／　資本金等の額　1,000

(3)　税務調整

①　調整仕訳

会計上は期末時の処理により、その他資本剰余金の期中における増減はなくなり、その他利益剰余金の減少が生じているため次の調整となります。

借方	金額	貸方	金額
自己株式	1,400	資本金等の額	1,000
		利益積立金額	400

↓

分解すると……

借方	金額		貸方	金額	
自己株式[7]	1,400		資本金等の額	1,400	B
資本金等の額	400	C	利益積立金額	400	D

②　別表四

調整なし

7　本書では「自己株式」勘定を一度「資本金等の額」に振り替える方法で説明しています。

③　別表五㈠

別表五㈠Ⅰ．利益積立金額の計算に関する明細書　（単位：千円）

区　分	期首現在利益積立金額	当期の増減		差引翌期首現在利益積立金額
		減	増	
	①	②	③	④
利益準備金				
資本金等の額	△600	D △400		△200
繰越損益金			A △400	△400

「繰越損益金」欄の③欄には会社が処理した繰越利益剰余金400,000円の減少額が含まれています（②欄と③欄を合計した結果、別表五㈠Ⅰは400,000円の増減がなかった状態になります。）。

別表五㈠Ⅱ．資本金等の額の計算に関する明細書　（単位：千円）

区　分	期首現在資本金等の額	当期の増減		差引翌期首現在資本金等の額
		減	増	
	①	②	③	④
資本金又は出資金	15,000			15,000
資本準備金				
その他資本剰余金				
自己株式	△2,100	B △1,400		△700
利益積立金額	600	C 400		200
差引合計額	13,500	△1,000	0	14,500

1,000千円（14,500－13,500）の増加
【税務上の仕訳と一致】

3 取得した金額と同額で処分した場合　　（単位：千円）

【前提】2,100千円にて取得した自己株式15株を2,100千円（適正時価）で処分した。

※相手方の処理は【有価証券2,100／現預金2,100】のみです。

(1) 会計処理

① 仕訳

現　預　金　　2,100　／　自 己 株 式　　2,100

② 決算書表示

処分前貸借対照表（単位：千円）

	資　本　金	12,000
	資本剰余金	3,000
	利益剰余金	6,000
	自 己 株 式	△2,100

処分後貸借対照表（単位：千円）

	資　本　金	12,000
	資本剰余金	3,000
	利益剰余金	6,000

(2) 税務処理

現　預　金　　2,100　／　資本金等の額　　2,100

(3) 税務調整

① 調整仕訳

自 己 株 式　　2,100　／　資本金等の額　2,100 A

② 別表四

調整なし

③　**別表五㈠**

別表五㈠Ⅰ．利益積立金額の計算に関する明細書：調整なし（表示のみ）

（単位：千円）

区　分	期首現在利益積立金額	当期の増減		差引翌期首現在利益積立金額
		減	増	
	①	②	③	④
利益準備金				
資本金等の額	△600			△600
繰越損益金				

別表五㈠Ⅱ．資本金等の額の計算に関する明細書　（単位：千円）

区　分	期首現在資本金等の額	当期の増減		差引翌期首現在資本金等の額
		減	増	
	①	②	③	④
資本金又は出資金	12,000			12,000
資本準備金				
その他資本剰余金	3,000			3,000
自己株式	△2,100	A △2,100		0
利益積立金額	600			600
差引合計額	13,500	△2,100		15,600

2,100千円の増加
【税務上の仕訳と一致】

自己株式取得前より増額となる！

※　自己株式取得前の資本金等の額は15,000千円（別表五㈠Ⅱ112頁参照）でしたが、2,100千円で取得した自己株式を同額の2,100千円で処分した場合においても、取得前より資本金等の額が増加するケースがあります。これは、取得時には利益積立金額の減少（みなし配当）として資本金等の額が減少していない部分があるのに対して、処分時には全額が資本金等の額の増加となるためで

す。

　これにより、地方税均等割が増加することもありますので注意が必要です。

Ⅳ 取得した自己株式を消却した場合の処理

法人税法においては、自己株式の取得時に資本金等の額の減少を認識していますので、その後に消却を行った場合における処理は不要となります。

なお、発行済株式数が減少しますので登記事項の変更が必要となります。

1 期末時点でその他資本剰余金の残高がプラスの場合（単位：千円）

(1) 自己株式を消却した法人（発行法人）の処理

【前提】2,100千円にて取得した自己株式15株を消却した

① 会計処理[8]

取得した自己株式を消却する場合には、その他資本剰余金を減額します。

(イ) 仕訳

その他資本剰余金　2,100 A　／　自　己　株　式　2,100

(ロ) 決算書表示

消却前貸借対照表（単位：千円）

	資　本　金	12,000
	資本剰余金	3,000
	利益剰余金	6,000
	自 己 株 式	△2,100

消却後貸借対照表（単位：千円）

	資　本　金	12,000
	資本剰余金	900
	利益剰余金	6,000

8　会社計算規則24、自己株式及び準備金の額の減少等に関する会計基準11項～12項

②　税務処理

自己株式を取得した時点で消却した場合と同様の処理（純資産の額の減少）を行なっているため消却時の仕訳はありません（発行済株式総数が減少します。）。

③　税務調整

(イ)　調整仕訳

自　己　株　式　　2,100　／　資本金等の額　2,100 B

(ロ)　別表四

調整なし

(ハ)　別表五(一)

別表五(一)Ⅰ．利益積立金額の計算に関する明細書：調整なし（表示のみ）

（単位：千円）

区　分	期首現在利益積立金額	当期の増減		差引翌期首現在利益積立金額
		減	増	
	①	②	③	④
利益準備金				
資本金等の額	△600			△600
繰越損益金				

別表五(一)Ⅱ．資本金等の額の計算に関する明細書　（単位：千円）

区　分	期首現在資本金等の額	当期の増減		差引翌期首現在資本金等の額
		減	増	
	①	②	③	④
資本金又は出資金	12,000			12,000
資本準備金				
その他資本剰余金	3,000	A　2,100		900
自己株式	△2,100	B　△2,100		0
利益積立金額	600			600
差引合計額	13,500	0		13,500

増減なし
【税務上の仕訳と一致】

(2)　発行法人に売却した株主の処理

個人株主、法人株主のいずれも発行法人が自己株式を消却した際における処理はありません。

2 期末時点でその他資本剰余金の残高がマイナスになる場合

(1) 自己株式を消却した法人（発行法人）の処理

（単位：千円）

【前提】2,100千円にて取得した自己株式15株を消却した。

① 会計処理[9]

取得した自己株式を消却する場合には、その他資本剰余金を減額します。

ただし、期末時点においてその他資本剰余金がマイナスとなっている場合には、その金額についてその他利益剰余金を減額してその他資本剰余金に充当します。

(イ) 仕訳

	借方	金額		貸方	金額
消却時：	その他資本剰余金	2,100	／	自　己　株　式	2,100
期末時：	利　益　剰　余　金	2,100 A	／	その他資本剰余金	2,100

(ロ) 決算書表示

（その他資本剰余金がゼロのケースとするため資本金を15,000千円としています。）

消却前貸借対照表（単位：千円）

	資　本　金	15,000
	資本剰余金	0
	利益剰余金	6,000
	自 己 株 式	△2,100

消却後貸借対照表（単位：千円）

	資　本　金	15,000
	資本剰余金	△2,100
	利益剰余金	6,000

期末時貸借対照表（単位：千円）

	資　本　金	15,000
	資本剰余金	0
	利益剰余金	3,900

9　会社計算規則24、自己株式及び準備金の額の減少等に関する会計基準11項～12項

②　税務処理

自己株式を取得した時点において消却した場合と同様の処理（純資産の額の減少）を行っているため消却時の仕訳はありません（発行済株式総数が減少します。）。

③　税務調整

(イ)　調整仕訳

会計上は期末時の処理によりその他資本剰余金の期中における増減はなくなり、その他利益剰余金の減少が生じているため次の調整となります。

自己株式	2,100	／	利益積立金額	2,100

分解すると……

自己株式[10]	2,100	／	資本金等の額	2,100 B
資本金等の額	2,100 C	／	利益積立金額	2,100 D

(ロ)　別表四

調整なし

10　本書では「自己株式」勘定を一度「資本金等の額」に振り替える方法で説明しています。

(ハ)　別表五(一)

別表五(一)Ⅰ．利益積立金額の計算に関する明細書　　（単位：千円）

区　分	期首現在利益積立金額	当期の増減		差引翌期首現在利益積立金額
		減	増	
	①	②	③	④
利益準備金				
資本金等の額	△600		D　2,100	1,500
繰越損益金			A　△2,100	△2,100

「繰越損益金」欄の③欄には会社が処理した繰越利益剰余金2,100千円の減少額Aが含まれていますが、消却時の当期中の増減はなし（③欄±0）となります。

また、「繰越損益金」欄の④欄に含まれている△2,100千円と「資本金等の額」欄の④欄の1,500千円の差額△600千円は自己株式取得による利益積立金額の減少額と一致します。

別表五(一)Ⅱ．資本金等の額の計算に関する明細書　　（単位：千円）

区　分	期首現在資本金等の額	当期の増減		差引翌期首現在資本金等の額
		減	増	
	①	②	③	④
資本金又は出資金	15,000			15,000
資本準備金				
その他資本剰余金				
自己株式	△2,100	B　△2,100		0
利益積立金額	600	C　2,100		△1,500
差引合計額	13,500	0	0	13,500

増減なし
【税務上の仕訳と一致】

⑵　発行法人に売却した株主の処理

個人株主、法人株主のいずれも発行法人が自己株式を消却した際における処理はありません。

V　みなし配当が発生しないケース（法法24①五、法令23③、法法61の2⑭一～三）

法人が自己株式を取得する場合で、みなし配当が発生しないものとして処理する取引は限定列挙となり、次のような取得が該当します。

・金融商品取引所の開設する市場（東京証券取引所など）における購入
・店頭売買登録銘柄として登録された株式のその店頭売買による購入
・事業の全部の譲受けによる取得
・適格合併等により被合併法人等からの移転による取得
・一定の適格分社型分割による分割承継法人からの交付による取得
・一定の取得請求権付株式に係る請求権の行使による取得
・一定の取得条項付株式の取得事由の発生による取得
・一定の全部取得条項付種類株式の取得決議による取得など

1　自己株式を取得（みなし配当なし）した場合の処理

金融取引市場において自己株式を取得した場合には、取得金額に相当する資本金等の額が減少します。利益積立金額の減少（みなし配当）は認識されません。

【前提】自己株式15株を2,100千円（適正時価）にて取得した。
・発行済株式総数　150株
・売却法人の直前帳簿価額1,200千円

(1)　自己株式を取得した法人（発行法人）の処理

①　会計処理

(イ)　仕訳

自 己 株 式　2,100,000 ／ 現　預　金　2,100,000

(ロ)　決算書表示

取得前貸借対照表（単位：千円）

	資　本　金	12,000
	資本剰余金	3,000
	利益剰余金	6,000

取得後貸借対照表（単位：千円）

	資　本　金	12,000
	資本剰余金	3,000
	利益剰余金	6,000
	自己株式	△2,100

② 税務処理

資本金等の額　2,100 ／ 現　預　金　2,100

③ 税務調整

(イ)　調整仕訳

資本金等の額　2,100 A ／ 自己株式　2,100

(ロ)　別表四：調整なし

(ハ)　別表五(一)

別表五(一)Ⅰ．利益積立金額の計算に関する明細書：調整なし

別表五(一)Ⅱ．資本金等の額の計算に関する明細書　（単位：千円）

区分	期首現在資本金等の額	当期の増減		差引翌期首現在資本金等の額
		減	増	
	①	②	③	④
資本金又は出資金	12,000			12,000
資本準備金				
その他資本剰余金	3,000			3,000
自己株式			A △2,100	△2,100
差引合計額	15,000	0	△2,100	12,900

⑵　売却した株主の処理

①　法人株主

⑷　会計処理

現預金	2,100	有価証券	1,200
		譲渡益	900

⑸　税務処理

現預金	2,100	有価証券	1,200
		譲渡益	900

⑹　税務調整

調整仕訳、別表四、別表五㈠のいずれも調整なしとなります。

②　個人株主

法人株主と同様の処理となり、譲渡益は譲渡所得となります。

2　取得した自己株式（みなし配当なし）を処分した場合の処理

Ⅲのケース（116頁参照）と同様、法人税法においては自己株式の取得時に資本金等の額の減少を認識しています。

取得した自己株式を処分した場合には、通常の新株発行に準じた処理を行います。

⑴　取得した金額より高額で処分した場合

【前提】2,100千円で取得した自己株式15株のうち10株を1,800千円（適正時価）で処分した。

※相手方の処理は【有価証券1,800／現預金1,800】のみです。

①　会計処理[11]

会計上、法人が取得した自己株式をその後に処分した場合には、通常の新株発行に準じた処理を行います。その際、自己株式を取得価額と異なる価額で処分した場合には、その処分差額はその他資本剰余金として処理されます。

(イ)　仕訳

借方	金額	貸方	金額
現　預　金	1,800	自　己　株　式	1,400
		その他資本剰余金	400 A

※自己株式　$1{,}400 = 2{,}100 \times \frac{10株}{15株}$

(ロ)　決算書表示

処分前貸借対照表（単位：千円）

	資　本　金	12,000
	資本剰余金	3,000
	利益剰余金	6,000
	自己株式	△2,100

処分後貸借対照表（単位：千円）

	資　本　金	12,000
	資本剰余金	3,400
	利益剰余金	6,000
	自己株式	△700

②　税務処理

会計と同様に新株発行の場合に準じた処理となりますが、取得時において資本金等の額を直接減額したことにより自己株式の帳簿価額が無いため処分差額は生じず、その全額が資本金等の額の増加となります。

現　預　金　1,800　／　資本金等の額　1,800

③　税務調整

(イ)　調整仕訳

自　己　株　式　1,400　／　資本金等の額　1,400 B

(ロ)　別表四：調整なし

11　自己株式及び準備金の額の減少等に関する会計基準９～10項

(ハ)　別表五(一)

別表五(一)Ⅰ．利益積立金額の計算に関する明細書：調整なし

別表五(一)Ⅱ．資本金等の額の計算に関する明細書　（単位：千円）

区　分	期首現在資本金等の額	当期の増減		差引翌期首現在資本金等の額
		減	増	
	①	②	③	④
資本金又は出資金	12,000			12,000
資　本　準　備　金				
その他資本剰余金	3,000		A 400	3,400
自　己　株　式	△2,100	B △1,400		△700
差　引　合　計　額	12,900	△1,400	400	14,700

1,800千円（14,700－12,900）の増加
【税務上の仕訳と一致】

⑵　取得した金額より低額で処分した場合

【前提】2,100千円で取得した自己株式15株のうち10株を1,000千円（適正時価）で処分した。

※相手方の処理は【有価証券1,000／現預金1,000】のみです。

①　会計処理[12]

会計上、法人が取得した自己株式をその後に処分した場合には、通常の新株発行に準じた処理を行います。その際、自己株式を取得価額と異なる価額で処分した場合には、その処分差額はその他資本剰余金として処理されます。

なお、期末時点においてその他資本剰余金がマイナスとなっている場合には、その金額についてその他利益剰余金を減額してその他資本剰余金に充当します。

12　自己株式及び準備金の額の減少等に関する会計基準12項

(イ)　仕訳（処分直前におけるその他資本剰余金が0円、期末時はマイナス400千円）

（処分時）　現　預　金　1,000 ／ 自己株式　1,400
　　　　　その他資本剰余金　400

※自己株式　$1{,}400 = 2{,}100 \times \frac{10株}{15株}$

（期末時）　利益剰余金　400 A ／ その他資本剰余金　400

※期末時におけるその他資本剰余金は△400千円であるため、その他利益剰余金400千円を充当します。

(ロ)　決算書表示

（その他資本剰余金がゼロのケースとするため資本金を15,000千円としています。）

処分前貸借対照表（単位：千円）

	資本金	15,000
	資本剰余金	0
	利益剰余金	6,000
	自己株式	△2,100

処分後貸借対照表（単位：千円）

	資本金	15,000
	資本剰余金	△400
	利益剰余金	6,000
	自己株式	△700

期末時貸借対照表（単位：千円）

	資本金	15,000
	資本剰余金	0
	利益剰余金	5,600
	自己株式	△700

② **税務処理**

会計と同様に新株発行の場合に準じた処理となりますが、取得時において資本金等の額を直接減額したことにより自己株式の帳簿価額が無いため処分差額は生じずその全額が資本金等の額の増加となります。

現　預　金　1,000 ／ 資本金等の額　1,000

③　税務調整

(イ)　調整仕訳

会計上は期末時の処理によりその他資本剰余金の期中における増減はなくなり、その他利益剰余金の減少が生じているため次の調整となります。

自己株式	1,400	資本金等の額	1,000
		利益積立金額	400

↓

分解すると……

自己株式[13]	1,400	資本金等の額	1,400 B
資本金等の額	400 C	利益積立金額	400 D

(ロ)　別表四：調整なし

13　本書では「自己株式」勘定を一度「資本金等の額」に振り替える方法で説明しています。

(ハ)　別表五(一)

別表五(一)Ⅰ．利益積立金額の計算に関する明細書　　(単位：千円)

区　分	期首現在利益積立金額	当期の増減		差引翌期首現在利益積立金額
		減	増	
	①	②	③	④
利益準備金				
資本金等の額			D　400	400
繰越損益金			A　△400	

繰越損益金の③欄には会社が処理した繰越利益剰余金400千円の減少額が含まれています（③欄を合計した結果、別表五(一)Ⅰは400千円の増減がなかった状態になります。)。

別表五(一)Ⅱ．資本金等の額の計算に関する明細書　　(単位：千円)

区　分	期首現在資本金等の額	当期の増減		差引翌期首現在資本金等の額
		減	増	
	①	②	③	④
資本金又は出資金	15,000			15,000
資本準備金				
その他資本剰余金				
自己株式	△2,100	B　△1,400		△700
利益積立金額			C　△400	△400
差引合計額	12,900	△1,400	△400	13,900

1,000千円（13,900－12,900）の増加
【税務上の仕訳と一致】

(3) 取得した金額と同額で処分した場合

【前提】2,100千円で取得した自己株式15株を2,100千円（適正時価）で処分した。

※相手方の処理は【有価証券2,100／現預金2,100】のみです。

① 会計処理

(イ) 仕訳

現　預　金　2,100　／　自　己　株　式　2,100

(ロ) 決算書表示

処分前貸借対照表（単位：千円）

	資　本　金	12,000
	資本剰余金	3,000
	利益剰余金	6,000
	自　己　株　式	△2,100

処分後貸借対照表（単位：千円）

	資　本　金	12,000
	資本剰余金	3,000
	利益剰余金	6,000
	自　己　株　式	0

② 税務処理

現　預　金　2,100　／　資本金等の額　2,100

③ 税務調整

(イ) 調整仕訳

自　己　株　式　2,100　／　資本金等の額　2,100 A

(ロ) 別表四：調整なし

(ハ)　別表五(一)

別表五(一)Ⅰ．利益積立金額の計算に関する明細書：調整なし

別表五(一)Ⅱ．資本金等の額の計算に関する明細書　　（単位：千円）

区　分	期首現在資本金等の額	当期の増減		差引翌期首現在資本金等の額
		減	増	
	①	②	③	④
資本金又は出資金	12,000			12,000
資本準備金				
その他資本剰余金	3,000			3,000
自己株式	△2,100	A　△2,100		0
差引合計額	12,900	△2,100		15,000

2,100千円（15,000－12,900）の増加
【税務上の仕訳と一致】

自己株式取得前と同額！

※　Ⅲ3のケースでは取得した自己株式を取得時と同額で処分した場合においても、資本金等の額が増加することとなりました（別表五(一)Ⅱ123頁参照）。

しかし、みなし配当が発生しない自己株式取得であった場合には、取得時と処分時における資本金等の額の変動額が同額であるため、自己株式取得前の資本金等の額と同額となります。

3　取得した自己株式（みなし配当なし）を消却した場合の処理

Ⅳのケース（125頁）と同様に、法人税法においては自己株式の取得時に資本金等の額の減少を認識していますので、その後に消却を行った場合における処理は不要となります。

なお、発行済株式数が減少しますので、登記事項の変更が必要となります。

(1)　期末時点でその他資本剰余金の残高がプラスの場合

①　自己株式を消却した法人（発行法人）の処理

【前提】2,100千円にて取得した自己株式15株を消却した。

(イ)　会計処理[14]

取得した自己株式を消却する場合には、その他資本剰余金を減額します。

㋑　仕訳

その他資本剰余金　2,100 A　／　自　己　株　式　2,100

㋺　決算書表示

消却前貸借対照表（単位：千円）

	資　本　金	12,000
	資本剰余金	3,000
	利益剰余金	6,000
	自 己 株 式	△2,100

消却後貸借対照表（単位：千円）

	資　本　金	12,000
	資本剰余金	900
	利益剰余金	6,000

(ロ)　税務処理

自己株式を取得した時点で消却した場合と同様の処理（純資産の額の減少）を行なっているため消却時の仕訳はありません（発行済株式総数が減少します。）。

(ハ)　税務調整

㋑　調整仕訳

自　己　株　式　2,100　／　資本金等の額　2,100 B

㋺　別表四

調整なし

14　会社計算規則24、自己株式及び準備金の額の減少等に関する会計基準11項～12項

㈧　別表五㈠

別表五㈠Ⅰ．利益積立金額の計算に関する明細書：調整なし

別表五㈠Ⅱ．資本金等の額の計算に関する明細書　（単位：千円）

区　分	期首現在資本金等の額	当期の増減		差引翌期首現在資本金等の額
		減	増	
	①	②	③	④
資本金又は出資金	12,000			12,000
資本準備金				
その他資本剰余金	3,000	A △2,100		900
自己株式	△2,100	B △2,100		0
差引合計額	12,900	0		12,900

増減なし
【税務上の仕訳と一致】

②　発行法人に売却した株主の処理

個人株主、法人株主のいずれも発行法人が自己株式を消却した際における処理はありません。

⑵　期末時点でその他資本剰余金の残高がマイナスになる場合

①　自己株式を消却した法人（発行法人）の処理

【前提】2,100千円にて取得した自己株式15株を消却した。

㈵　会計処理[15]

取得した自己株式を消却する場合には、その他資本剰余金を減額します。

ただし、期末時点においてその他資本剰余金がマイナスとなっている場合には、その金額についてその他利益剰余金を減額してその他資本剰余金に充当します。

15　会社計算規則24、自己株式及び準備金の額の減少等に関する会計基準11項～12項

㋑　仕訳

（消却時）	その他資本剰余金	2,100	／	自　己　株　式	2,100
（期末時）	利　益　剰　余　金	2,100 A	／	その他資本剰余金	2,100

㋺　決算書表示

（その他資本剰余金がゼロのケースとするため資本金を15,000千円としています。）

消却前貸借対照表（単位：千円）

	資　本　金	15,000
	資本剰余金	0
	利益剰余金	6,000
	自己株式	△2,100

消却後貸借対照表（単位：千円）

	資　本　金	15,000
	資本剰余金	△2,100
	利益剰余金	6,000

期末時貸借対照表（単位：千円）

	資　本　金	15,000
	資本剰余金	0
	利益剰余金	3,900

(ロ)　税務処理

自己株式を取得した時点において消却した場合と同様の処理（純資産の額の減少）を行っているため消却時の仕訳はありません（発行済株式総数が減少します。）。

(ハ)　税務調整

㋑　調整仕訳

会計上は期末時の処理によりその他資本剰余金の期中における増減はなくなり、その他利益剰余金の減少が生じているため、次の調整となります。

自 己 株 式　2,100 ／ 資本金等の額　2,100

⬇

分解すると……

借方	金額		貸方	金額
自 己 株 式[16]	2,100	／	資本金等の額	2,100 B
資本金等の額	2,100 C	／	利 益 積 立 金	2,100 D

㋺　別表四：調整なし

16　本書では「自己株式」勘定は一度「資本金等の額」に振り替える方法で説明しています。

㋩　別表五㈠

別表五㈠Ⅰ．利益積立金額の計算に関する明細書　（単位：千円）

区　分	期首現在利益積立金額	当期の増減		差引翌期首現在利益積立金額
		減	増	
	①	②	③	④
利益準備金				
資本金等の額			D　2,100	2,100
繰越損益金			A　△2,100	

「繰越損益金」欄の③欄には会社が処理した繰越利益剰余金2,100千円の減少額（A）が含まれていますので、消却処理について当期中の利益積立金額の増減はなし（③欄±0）となります。

別表五㈠Ⅱ．資本金等の額の計算に関する明細書　（単位：千円）

区　分	期首現在資本金等の額	当期の増減		差引翌期首現在資本金等の額
		減	増	
	①	②	③	④
資本金又は出資金	15,000			15,000
資本準備金				
その他資本剰余金				
自己株式	△2,100	B　△2,100		0
利益積立金額			C　△2,100	△2,100
差引合計額	12,900	△2,100	△2,100	12,900

増減なし
【税務上の仕訳と一致】

②　発行法人に売却した株主の処理

個人株主、法人株主のいずれも発行法人が自己株式を消却した際における処理はありません。

Ⅵ 相続取得した株式を譲渡した場合の特例（措法９条の７）

個人が相続又は遺贈により非上場会社の発行した株式等を取得した場合において、相続の開始があった日の翌日から相続税申告書の提出期限の翌日以後３年以内にその株式を発行法人へ売却した場合には、みなし配当課税を行わない特例（以下「３年以内譲渡の特例」）があります。

この特例はみなし配当部分について、配当所得としての課税を行わず、譲渡所得に含めて課税を行うというものです。株式の譲渡所得は分離課税となり、総合課税である配当所得の場合よりも一般的に所得税率が低くなります。

この場合の処理方法ですが、株式を発行する法人（自己株式を取得する法人）側では、利益積立金額の減少を認識しない場合に該当しないため、原則どおり、利益積立金額の減少を認識します。

【具体例】

・発行法人

交付金銭	2,100千円	（適正時価）
取得株式数	15株	
発行済株式数	150株	
資本金等の額	15,000千円	

取得資本金額：$\frac{15,000}{150株} \times 15株 = 1,500$

	交付金銭		取得資本金額	
利益積立金額の減少額：	2,100	−	1,500	＝600

・売却した個人

譲渡直前帳簿価額1,200千円（被相続人より引継ぎ）

1　自己株式を取得した法人（発行法人）の処理

基本的には通常のケースと同様となります（「Ⅱ自己株式を取得した場合の処理」108頁参照）。

ただし、３年以内譲渡の特例が適用される場合には、みなし配当課税は行われないこととなりますので、自己株式を取得する法人において利益積立金額の減少額（＝みなし配当金額）に対する源泉徴収は不要となります。

(1)　仕訳

借方	金額	貸方	金額
資本金等の額	1,500	現　預　金	2,100
利益積立金額	600		

(2)　手続規定

３年以内譲渡の特例により自己株式を取得した法人は、相続人より提出された「相続財産に係る非上場株式をその発行会社に譲渡した場合のみなし配当課税の特例に関する届出書」（150頁参照）を自己株式を取得した日の属する年の翌年１月31日までに本店又は主たる事務所の所轄税務署長へ提出が必要となります（届出書の写しを作成し、５年間保存しなければなりません。）（措令５の２②③）。

2 売却した株主（相続取得した個人）の処理

⑴ 仕訳

借方	金額	貸方	金額	
現預金	2,100	有価証券	1,200	
		譲渡益	300	
		みなし配当	600	→本来は配当所得ですが、譲渡所得に含めて計算します。

※譲　渡　益　300＝取得資本金額　1,500－直前帳簿価額　1,200
　みなし配当　600＝交　付　金　銭　2,100－取得資本金額　1,500

⑵ 各種所得の金額

① 有価証券の譲渡益

本来は配当所得とみなす部分についても譲渡所得に含めて計算します。

② みなし配当金額

特例適用により配当所得は生じません。

⑶ 適用要件

この特例の適用を受ける場合には、次の要件を満たす必要があります。

①　相続又は遺贈により取得した非上場株式で、相続税の課税価格に算入されており、納付すべき相続税額又はその見積額があること

②　相続の開始があった日の翌日から相続税申告書の提出期限の翌日以後３年以内に、その非上場株式をその発行法人へ譲渡すること

③　譲渡の時までに「相続財産に係る非上場株式をその発行会社に譲渡した場合のみなし配当課税の特例に関する届出書」をその発行会社へ提出すること

※　３年以内譲渡の特例の適用を受ける場合には、相続財産を譲渡した場合の取得費の特例（なるほど！プラス「取得費加算の特例」152頁参照）についても適用を受けることができます。

相続財産に係る非上場株式をその発行会社に譲渡した場合のみなし配当課税の特例に関する届出書（譲渡人用）

発行会社受付日付／税務署受付印 令和　年　月　日 税務署長殿	譲渡人	住所又は居所	〒 電話　－　－
		（フリガナ） 氏名	
		個人番号	

租税特別措置法第9条の7第1項の規定の適用を受けたいので、租税特別措置法施行令第5条の2第2項の規定により、次のとおり届け出ます。

被相続人	氏名		死亡年月日	令和　年　月　日
	死亡時の住所又は居所			
納付すべき相続税額又はその見積額		円	（注）納付すべき相続税額又はその見積額が「0円」の場合にはこの特例の適用はありません。	
課税価格算入株式数				
上記のうち譲渡をしようとする株式数				
その他参考となるべき事項				

相続財産に係る非上場株式をその発行会社に譲渡した場合のみなし配当課税の特例に関する届出書（発行会社用）

※整理番号	

税務署受付印 令和　年　月　日 税務署長殿	発行会社	所在地	〒 電話　－　－
		（フリガナ） 名称	
		法人番号	

上記譲渡人から株式を譲り受けたので、租税特別措置法施行令第5条の2第3項の規定により、次のとおり届け出ます。

譲り受けた株式数	
1株当たりの譲受対価	
譲受年月日	令和　年　月　日

（注）上記譲渡人に納付すべき相続税額又はその見積額が「0円」の場合には、当該特例の適用はありませんので、みなし配当課税を行うことになります。この場合、届出書の提出は不要です。

※税務署処理欄	法人課税部門	整理簿	確認	資産回付	資産課税部門			通信日付印	確認	番号
								年　月　日		

03.06 改正

相続財産に係る非上場株式をその発行会社に譲渡した場合のみなし配当課税の特例に関する届出書記載要領等

この様式は、租税特別措置法第９条の７の規定の適用を受ける場合に、租税特別措置法施行令第５条の２第２項の規定に基づき譲渡人が発行会社を経由して提出する書面と、同条第３項の規定に基づき発行会社が前記書面を添付して提出する書面との兼用様式になっていますので、切り離さずに提出してください。

Ⅰ　譲渡人用の記載要領

1　譲渡人の「住所又は居所」、「氏名」及び「個人番号」の各欄には、租税特別措置法第９条の７第１項《相続財産に係る株式をその発行した上場株式等以外の株式会社に譲渡した場合のみなし配当課税の特例》の規定の適用を受けようとする者の住所又は居所、氏名及び個人番号を記載してください。

2　被相続人の「氏名」、「死亡時の住所又は居所」及び「死亡年月日」の各欄には、租税特別措置法第９条の７第１項の規定の適用を受けようとする者の被相続人の氏名及び死亡の時における住所又は居所並びに死亡年月日を記載してください。

3　「納付すべき相続税額又は見積額」欄には、租税特別措置法第９条の７第１項に規定する特例の適用を受けようとする非上場株式の取得の基因となった相続又は遺贈につき、その非上場株式を発行会社に譲渡しようとする人が納付すべき相続税額又はその見積額を記載してください。
（注）納付すべき相続税額又はその見積額が「０円」の場合には、この特例の適用はありません。
この場合、届出書の提出も不要です。

4　「課税価格算入株式数」及び「上記のうち譲渡をしようとする株式数」の各欄には、租税特別措置法施行令第５条の２第２項《相続財産に係る株式をその発行した上場株式等以外の株式会社に譲渡した場合のみなし配当課税の特例》に規定する課税価格算入株式の数及び当該課税価格算入株式のうち当該非上場会社に譲渡をしようとするものの数を記載してください。

Ⅱ　発行会社用の記載要領

1　発行会社の「所在地」、「名称」及び「法人番号」の各欄には、租税特別措置法施行令第５条の２第２項の規定により書面の提出を受けた非上場会社の所在地、名称及び法人番号を記載してください。

2　「譲り受けた株式数」、「1株当たりの譲受対価」及び「譲受年月日」の各欄には、非上場会社が租税特別措置法第９条の７第１項の規定の適用を受けようとする者から譲り受けた課税価格算入株式の数及び１株当たりの譲受けの対価の額並びに当該課税価格算入株式を譲り受けた年月日を記載してください。
（注）譲渡人に納付すべき相続税額又はその見積額が「０円」の場合には、この特例の適用はありませんので、譲受対価の支払いの際にみなし配当課税を行うことになります。
また、譲渡人に納付すべき相続税額が「０円」であることが、届出書の提出後に判明した場合にも、みなし配当課税を行うことになります。

「※」欄は、記載しないでください。

なるほど！プラス：取得費加算の特例

取得費加算の特例（措法39：相続税額を取得費に加算する特例）

相続又は遺贈により取得した土地、建物、株式等を譲渡する場合には、納付した相続税額のうち一定の金額を譲渡所得の計算上、取得費に加算することができます。

なお、相続財産に係る非上場株式をその発行会社に譲渡した場合のみなし配当課税の特例（３年以内譲渡の特例）の適用を受ける場合には、相続税額の納税が前提となりますので、取得費加算の特例についても適用を受けることができます。

⑴　適用要件

①　相続又は遺贈により取得した財産で、相続税額が課されていること

②　相続の開始があった日の翌日から相続税の申告期限の翌日以後３年以内に譲渡すること

③　確定申告書に「相続財産の取得費に加算される相続税の計算明細書」（153頁参照）を添付すること

⑵　取得費に加算する金額

譲渡所得の計算上、取得費に加算する金額は「相続財産の取得費に加算される相続税の計算明細書」（153頁参照）にて計算します。

基本的には次の算式となります。

$$\text{その者の相続税額} \times \frac{\text{その者の相続税の課税価格の計算の基礎とされたその譲渡した財産の相続税評価額}}{\text{その者の取得財産の価額} + \text{その者の相続時精算課税適用財産の価額} + \text{その者の純資産価額に加算される暦年課税分の贈与財産の価額}}$$

＝取得費に加算する相続税額

相続財産の取得費に加算される相続税の計算明細書

○ 平成二十七年一月一日以後相続開始用

譲渡者	住所		氏名			
被相続人	住所		氏名			
相続の開始があった日	年　月　日	相続税の申告書を提出した日	年　月　日	相続税の申告書の提出先	税務署	

1　譲渡した相続財産の取得費に加算される相続税額の計算

譲渡した相続財産	所在地				
	種類				
	利用状況　数量				
	譲渡した年月日		年　月　日	年　月　日	年　月　日
	相続税評価額（裏面の計算が必要となる場合がありますので、ご注意ください。）	Ⓐ	円	円	円
相続税の課税価格（相続税の申告書第１表の①＋②＋⑤の金額を記載してください。）		Ⓑ	円		
相続税額（相続税の申告書第１表の㉒の金額を記載してください。ただし、贈与税額控除又は相次相続控除を受けている方は、下の２又は３で計算した①又はⓈの金額を記載してください。）		Ⓒ	円		
取得費に加算される相続税額（Ⓒ×Ⓐ/Ⓑ）		Ⓓ	円	円	円

【贈与税額控除又は相次相続控除を受けている場合のⒸの相続税額】

2　相続税の申告書第１表の㉒の小計の額がある場合

暦年課税分の贈与税額控除額（相続税の申告書第１表の⑫の金額）	Ⓔ	円
相次相続控除額（相続税の申告書第１表の⑯の金額）	Ⓕ	円
相続時精算課税分の贈与税額控除額（相続税の申告書第１表の⑳の金額）	Ⓖ	円
小計の額（相続税の申告書第１表の㉒の金額）	Ⓗ	円
相続税額（Ⓔ＋Ⓕ＋Ⓖ＋Ⓗ）	Ⓘ	円

※　相続税の申告において、贈与税額控除又は相次相続控除を受けていない場合は、「２　相続税の申告書第１表の㉒の小計の額がある場合」欄及び「３　相続税の申告書第１表の㉒の小計の額がない場合」欄の記載等は不要です。

3　相続税の申告書第１表の㉒の小計の額がない場合

算出税額（相続税の申告書第１表の⑨又は⑩の金額）		Ⓙ	円
相続税額の２割加算が行われる場合の加算金額（相続税の申告書第１表の⑪の金額）		Ⓚ	円
合計（Ⓙ＋Ⓚ）		Ⓛ	円
税額控除等	配偶者の税額軽減額（相続税の申告書第５表の㋥又は㋭の金額）	Ⓜ	円
	未成年者控除額（相続税の申告書第６表の１の②又は⑥の金額）	Ⓝ	円
	障害者控除額（相続税の申告書第６表の２の②又は⑥の金額）	Ⓞ	円
	外国税額控除額	Ⓟ	円
	医療法人持分税額控除額	Ⓠ	円
	計（Ⓜ＋Ⓝ＋Ⓞ＋Ⓟ＋Ⓠ）	Ⓡ	円
相続税額（Ⓛ－Ⓡ）（赤字の場合は０と記載してください。）		Ⓢ	円

関与税理士	電話番号

○ この特例は、相続財産を相続税の申告期限から３年以内に譲渡した場合に適用されます。特例の内容の詳しいことは、税務署にお尋ねください。
なお、明細書の記載に当たっては、裏面を参照してください。

（資６－11－A４統一）

R3.11

相続財産の取得費に加算される相続税の計算明細書

1　記載要領等

この明細書の記載に当たっては、次の点にご注意ください。

(1)　同一年中に相続財産を2以上譲渡した場合、取得費に加算される相続税額は譲渡した資産ごとに計算します。

(2)　「Ⓑ」及び「Ⓒ」の金額は、相続税の申告書の「各人の合計」欄の金額ではなく、譲渡者の「財産を取得した人」欄の金額となります。

なお、「Ⓐ」、「Ⓔ」～「Ⓗ」、「Ⓙ」、「Ⓚ」、「Ⓜ」～「Ⓠ」についても譲渡者の金額を記載します。

(3)　「Ⓓ」の金額は、譲渡した相続財産の譲渡益を超える場合には、その譲渡益相当額となります。

(4)　「Ⓐ」の「相続税評価額」は、譲渡した相続財産の譲渡所得について、買換えや交換などの特例の適用を受ける場合には、次の算式で計算した金額となります。

イ　交換差金等がある交換について所得税法第58条の規定の適用を受ける場合

$$「Ⓐ」の金額 = \left[\begin{array}{c}譲渡した相続財産\\の相続税評価額\end{array}\right] \times \frac{（取得した交換差金等の額）}{（取得した交換差金等の額）+（交換取得資産の価額）}$$

ロ　収用等による資産の譲渡又は特定資産の譲渡について租税特別措置法第33条、第36条の2、第36条の5又は第37条の5の規定の適用を受ける場合

$$「Ⓐ」の金額 = \left[\begin{array}{c}譲渡した相続財産\\の相続税評価額\end{array}\right] \times \frac{（譲渡した相続財産の譲渡による収入金額）-（代替資産又は買換資産の取得価額）}{（譲渡した相続財産の譲渡による収入金額）}$$

ハ　交換処分等による譲渡について租税特別措置法第33条の2第1項の規定の適用を受ける場合

$$「Ⓐ」の金額 = \left[\begin{array}{c}譲渡した相続財産\\の相続税評価額\end{array}\right] \times \frac{（取得した補償金等の額）}{（取得した補償金等の額）+（交換取得資産の価額）}$$

ニ　特定資産の譲渡について租税特別措置法第37条又は第37条の4の規定の適用を受ける場合

$$「Ⓐ」の金額 = \left[\begin{array}{c}譲渡した相続財産\\の相続税評価額\end{array}\right] \times \frac{（特例適用後の譲渡した相続財産の収入金額）}{（譲渡した相続財産の譲渡による収入金額）}$$

ホ　被相続人居住用家屋又はその敷地等の譲渡につき租税特別措置法第35条第3項の規定の適用を受ける場合

$$「Ⓐ」の金額 = \left[\begin{array}{c}譲渡した相続財産\\の相続税評価額\end{array}\right] \times \frac{（譲渡した相続財産のうち同項の規定の適用対象とならない部分に対応する収入金額）}{（譲渡した相続財産の譲渡による収入金額）}$$

(5)　「Ⓐ」の「相続税評価額」は、代償分割により代償金を支払って取得した資産を譲渡した場合には、次の算式で計算した金額となります。

$$「Ⓐ」の金額 = \left[\begin{array}{c}譲渡した相続財産\\の相続税評価額\end{array}\right] -（支払代償金）\times \frac{（譲渡した相続財産の相続税評価額）}{（相続税の課税価格（「Ⓑ」の金額））+（支払代償金）}$$

※　遺贈が遺留分を侵害するものとして行われた遺留分侵害額の支払の請求に基づき、遺留分侵害額に相当する金銭を支払った場合には、この算式に準じて「支払代償金」を「遺留分侵害額に相当する価額」として計算します。

2　その他

特例の適用を受けられる方にも相続が開始し、その方の財産を相続又は遺贈により取得した方がその取得した財産を譲渡した場合についても、一定の要件を満たすときは、最初の相続税額を基に計算した金額を取得費に加算することができます。詳しいことは税務署にお尋ねください。

Ⅶ 完全支配関係がある法人間での自己株式の譲渡（法法61の2⑰）

法人が保有している株式について、これを発行する法人（完全支配関係があるものに限ります。）の「みなし配当事由」により金銭等の交付を受けた場合又は当該事由により発行法人の株式を有しないこととなった場合には、その譲渡対価の額は譲渡原価の額に相当する金額となります。

【具体例】

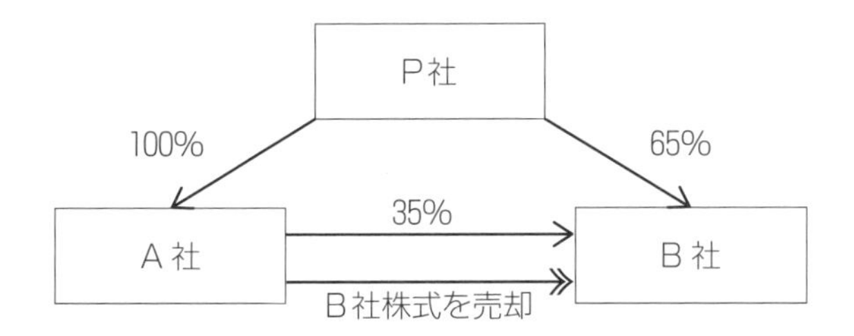

A社が保有するB社株式（時価1,200千円、簿価900千円）をB社へ1,200千円で売却した。なお、B社における取得資本金額は1,000千円である。

1 株式を取得した法人（B社）の処理

完全支配関係がある法人から自己株式を取得した場合は、通常の取得の場合と同様の処理となります。

(1) 会計処理

自己株式	1,200	現預金	1,200
		預り金	0 ※

※(2)参照

(2)　税務処理

借方	金額	貸方	金額
資本金等の額	1,000	現　預　金	1,200
利益積立金額	200	預　り　金	0 ※

※　令和５年10月１日以後の配当については完全子法人株式等に係る配当等の課税の特例（所法177）により、源泉徴収は不要です。

(3)　税務調整

①　調整仕訳

借方	金額	貸方	金額
資本金等の額	1,000	自　己　株　式	1,200
利益積立金額	200		

⬇

分解すると……

借方	金額	貸方	金額
資本金等の額	1,200 A	自　己　株　式[17]	1,200
利益積立金額	200 C	資本金等の額	200 B

②　別表四

みなし配当により利益積立金額が減少していますので、以下のように記載します。

別表四　（単位：千円）

区　分	総額	処分		
		留保	社外流出	
当期利益又は当期欠損の額		△200	配当	200
			その他	

17　本書では「自己株式」勘定は一度「資本金等の額」に振り替える方法で説明しています。

③　別表五㈠

別表五㈠Ⅰ　利益積立金額の計算に関する明細書　（単位：千円）

区　分	期首現在利益積立金額	当期の増減		差引翌期首現在利益積立金額
		減	増	
	①	②	③	④
利益準備金				
資本金等の額			C　△200	△200
繰越損益金				

別表五㈠Ⅱ　資本金等の額の計算に関する明細書　（単位：千円）

区　分	期首現在資本金等の額	当期の増減		差引翌期首現在資本金等の額
		減	増	
	①	②	③	④
資本金又は出資金	10,000			10,000
資本準備金				
その他資本剰余金				
自己株式			A　△1,200	△1,200
利益積立金額			B　200	200
差引合計額	10,000	0	△1,000	9,000

1,000千円（10,000－9,000）の減少
【税務上の仕訳と一致】

※　［網掛け部分］は純資産の部の内部での振替調整のため、会計と税務との差異は解消されることなく基本的には消えずに残り続けます。

2 発行会社に株式を売却した法人（A社）の処理

(1) 会計処理

完全支配関係がある法人間において、発行会社（B社）に対してその発行済株式（B株式）を売却した場合には、株式の譲渡損益を計上します。

借方	金額	貸方	金額
現預金	1,200	B株式	900
法人税等	0	譲渡益	300

(2) 税務処理

完全支配関係がある法人間において、発行会社（B社）に対してその発行済株式（B株式）を売却した場合には、その株式の譲渡損益は計上しないこととなります。

なお、みなし配当が生じる場合には、みなし配当については受取配当等の益金不算入の規定が適用できます。

借方	金額	貸方	金額	
現預金[18]	1,200	B株式	900	
		資本金等の額	100	…譲渡益相当額（法令8①二十二）
法人税等	0※	みなし配当	200	

※　令和5年10月1日以後の配当については、完全子法人株式等に係る配当等の課税の特例（所法177）により源泉徴収がされません。

(3) 税務調整

① 調整仕訳

借方	金額	貸方	金額	
譲渡益	300 A	資本金等の額	100 C	
		みなし配当	200 B	…完全子法人株式等に係る配当等

18　売却の対価として適格現物分配があった場合には、分配を受けた資産の帳簿価額を計上します。

②　別表四

別表四　　（単位：千円）

区分		総額	処分		
			留保	社外流出	
加算	受取配当金計上もれ	200	200		
減算	B株式譲渡益益金不算入額	300	300		
	受取配当等の益金不算入額	200		※	200

※　会計上は譲渡益として300千円の収益を計上していますので、これを受取配当金（みなし配当）と同様（名称の違いだけで同じ益金）として相殺すると以下の処理となります。

別表四　　（単位：千円）

区分		総額	処分		
			留保	社外流出	
加算					
減算	B株式譲渡益益金不算入額	100	100		
	受取配当等の益金不算入額	200		※	200

③　別表五(一)

別表五(一)Ⅰ．利益積立金額の計算に関する明細書　(単位：千円)

区　分	期首現在利益積立金額	当期の増減		差引翌期首現在利益積立金額
		減	増	
	①	②	③	④
利益準備金				
資本金等 （B株式）			A △300 B 200	△100
繰越損益金			300	

繰越損益金の③欄には会社が計上した譲渡益300千円が含まれていますが、Aの処理で相殺されBの金額だけ利益積立金額が増加（みなし配当相当額）となります。

別表五(一)Ⅱ．資本金等の額の計算に関する明細書　(単位：千円)

区　分	期首現在資本金等の額	当期の増減		差引翌期首現在資本金等の額
		減	増	
	①	②	③	④
資本金又は出資金	10,000			10,000
資本準備金				
その他資本剰余金				
利益積立金額			C 100	100
差引合計額	10,000	0	100	10,100

100千円（10,100－10,000）の増加
【税務上の仕訳と一致】

税務署受付印

令和　　年分　配当等とみなす金額に関する支払調書合計表

処理事項	通信日付印		検　収	整理簿登載
	※　・　・		※	※

○平成28年1月1日以後提出用

令和　　年　　月　　日提出

税務署長 殿

提出者	所在地	電話（　　－　　－　　）
	法人番号(注)	
	フリガナ 名　称	
	フリガナ 代表者 氏　名	

整理番号				
調書の提出区分 （新規=1、追加=2 訂正=3、無効=4）		提出媒体	本店一括	有・無
作成担当者				
作成税理士 署　名	税理士番号（　　　） 電話（　　－　　－　　）			
支払確定年月日	（第　　回） ・　・			

区分			みなし配当の総額（支払調書提出省略分を含む。）				左のうち、支払調書を提出するものの合計			
			株主数（出資者数）	株数又は出資の口数	配当とみなされる金額	源泉徴収税額	株主数（出資者数）	株数又は出資の口数	配当とみなされる金額	源泉徴収税額
居住者又は内国法人に支払うもの	一般分		人		円	円	人		円	円
	非課税分									
非居住者又は外国法人に支払うもの	課税分	一般分								
		軽減分								
	非課税又は免税分									
計				旧　株(口) 新　〃				旧　株(口) 新　〃		
摘要			1株(口)当たり配当とみなされる金額 円							

○　提出媒体欄には、コードを記載してください。（電子＝14、FD＝15、MO＝16、CD＝17、DVD＝18、書面＝30、その他＝99）
(注)　平成27年分以前の合計表を作成する場合には、「法人番号」欄に何も記載しないでください。

（用紙　日本産業規格　Ａ４）

【配当等とみなす金額に関する支払調書合計表】

記載要領

1　この合計表は、「配当等とみなす金額に関する支払調書」を提出する場合に使用する。

2　「みなし配当の総額（支払調書提出省略分を含む。）」欄には、所得税法第 25 条（配当等とみなす金額）の規定により利益の配当又は剰余金の分配とみなされた金額（以下「みなし配当」という。）が支払調書の提出省略限度額以下のため支払調書の提出を省略するものを含めたすべてのみなし配当について記載する。

3　「左のうち、支払調書を提出するものの合計」欄には、この合計表とともに支払調書を提出するものについて、その合計を記載する。

4　「居住者又は内国法人に支払うもの」欄には、居住者（国内に住所若しくは1年以上居所を有する個人）又は内国法人（国内に本店若しくは主たる事務所を有する法人）に支払うみなし配当について記載し、「非居住者又は外国法人に支払うもの」欄には、非居住者（居住者以外の個人）又は外国法人（内国法人以外の法人）に支払うみなし配当について記載する。

5　「一般分」欄には、次の6又は7に掲げるみなし配当以外のものについて記載する。

6　「軽減分」欄には、租税条約に基づき課税の軽減を受けたもの（外国居住者等所得相互免除法第2章の所得税の軽減に関する規定により軽減されたものを含む。）について記載する。

7　「非課税分」欄及び「非課税又は免税分」欄には、所得税法第 11 条（公共法人等及び公益信託等に係る非課税）、所得税法第 176 条（信託財産に係る利子等の課税の特例）第 1 項若しくは第 2 項、所得税法第 180 条の 2（信託財産に係る利子等の課税の特例）第 1 項若しくは第 2 項、租税特別措置法第 9 条の 4（特定の投資法人等の運用財産等に係る利子等の課税の特例）の規定により非課税とされたもの又は租税条約に基づき課税の免除を受けたもの（外国居住者等所得相互免除法第2章の所得税の非課税に関する規定により非課税とされたものを含む。）について記載する。

8　「支払確定年月日」欄には、配当等とみなされる金銭その他の資産の交付が確定した日（2回以上に分割して交付する場合には、各回ごとの交付確定年月日及びその回数）を記載する。

9　「摘要」欄には、1株（口）当たりの配当とみなされる金額のほか、次の事項を記載する。

(1)　交付する資産の種類及びその種類ごとの金額並びにその合計額

(2)　1株（口）当たりの資本金等の額からなる部分の金額

10　「※」印欄は、提出義務者において記載を要しない

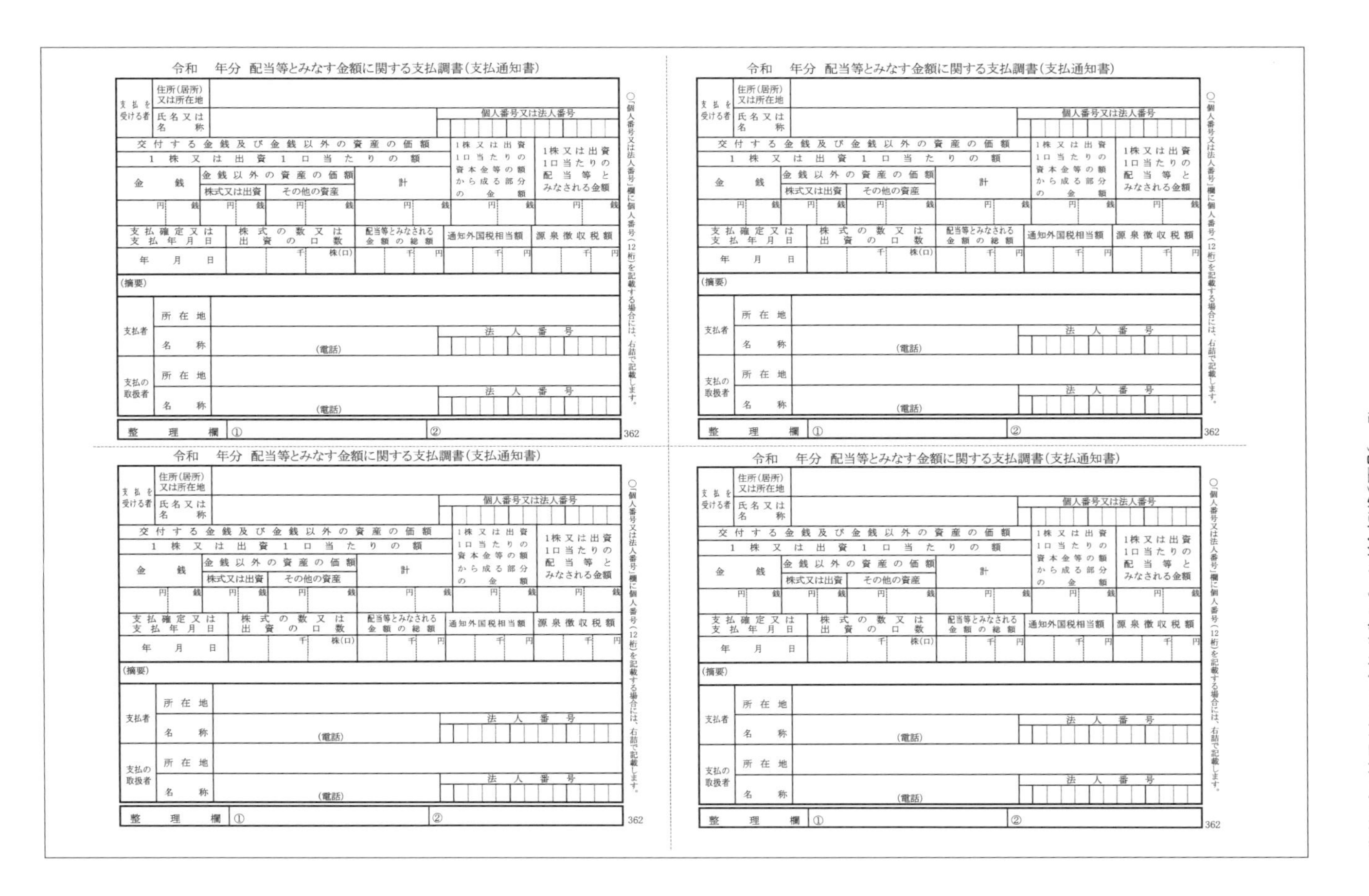

令和　年分　配当等とみなす金額に関する支払調書（支払通知書）

支払を受ける者	住所（居所）又は所在地						
	氏名又は名称				個人番号又は法人番号		
交付する金銭及び金銭以外の資産の価額						1株又は出資1口当たりの資本金等の額から成る部分の金額	1株又は出資1口当たりの配当等とみなされる金額
1株又は出資1口当たりの額							
金銭		金銭以外の資産の価額		計			
		株式又は出資	その他の資産				
円　銭		円　銭	円　銭	円　銭		円　銭	円　銭
支払確定又は支払年月日		株式の数又は出資の口数		配当等とみなされる金額の総額	通知外国税相当額	源泉徴収税額	
年　月　日		千　株(口)		千　円	千　円	千　円	
(摘要)							
支払者	所在地						
	名称	(電話)			法人番号		
支払の取扱者	所在地						
	名称	(電話)			法人番号		
整理欄	①		②				

○「個人番号又は法人番号」欄に個人番号（12桁）を記載する場合には、右詰で記載します。

362

令和　年分　配当等とみなす金額に関する支払調書（支払通知書）
○「個人番号又は法人番号」欄に個人番号（12桁）を記載する場合には、右詰で記載します。
362

令和　年分　配当等とみなす金額に関する支払調書（支払通知書）
○「個人番号又は法人番号」欄に個人番号（12桁）を記載する場合には、右詰で記載します。
362

令和　年分　配当等とみなす金額に関する支払調書（支払通知書）
○「個人番号又は法人番号」欄に個人番号（12桁）を記載する場合には、右詰で記載します。
362

【配当等とみなす金額に関する支払調書（支払通知書）】

※　様式はA4用紙１枚に調書４枚分が印刷されますので、裁断の上ご利用ください。

備　考

１　この支払調書（支払通知書）は、法第25条第１項の規定により剰余金の配当、利益の配当、剰余金の分配又は金銭の分配（以下この表において「配当等」という。）とみなされるものについて使用すること。

２　この支払調書（支払通知書）の記載の要領は、次による。

⑴　「住所（居所）又は所在地」及び「個人番号又は法人番号」の欄には、支払調書を作成する場合にあつては当該支払調書を作成する日の現況による住所若しくは居所又は本店若しくは主たる事務所の所在地及び行政手続における特定の個人を識別するための番号の利用等に関する法律第２条第５項に規定する個人番号又は同条第15項に規定する法人番号（⑿において「法人番号」という。）を、支払通知書を作成する場合にあつては当該支払通知書を作成する日の現況による住所若しくは居所又は本店若しくは主たる事務所の所在地を記載すること。

⑵　「１株又は出資１口当たりの額」の欄の「金銭」及び「金銭以外の資産の価額」の項については、次に掲げる区分に応じそれぞれ次に定める金額を記載すること。

(ｲ)　「金銭」の項　法第25条第１項各号に掲げる事由により同項に規定する株主等（以下この表において「株主等」という。）に交付をした金銭の額の合計額を当該事由に係る発行済み株式等総数（当該事由が、令第61条第２項第１号に掲げる事由である場合には同号に規定する被合併法人の同号に規定する発行済株式等の総数をいい、同項第２号又は第３号に掲げる事由である場合には当該事由に係る株式の総数をいい、同項第４号に掲げる事由である場合には同号イ又はロに掲げる場合の区分に応じそれぞれ同号イに規定する株式の総数又は同号ロに規定する種類の株式の総数をいい、同項第５号に掲げる事由である場合には同項第１号に規定する投資法人（以下この表において「投資法人」という。）の発行済みの同号に規定する投資口（以下この表において「投資口」という。）の総数をいい、同項第６号に掲げる事由である場合には同号イ又はロに掲げる場合の区分に応じそれぞれ同号イに規定する発行済株式等の総数又は同号ロに規定する種類の株式の総数をいう。⑵において同じ。）で除して計算した金額

(ﾛ)　「金銭以外の資産の価額」の「株式又は出資」の項　法第25条第１項第１号から第３号まで又は第７号に掲げる事由により株主等に交付をしたこれらの規定に規定する合併、分割型分割、株式分配又は組織変更に係る令第112条第１項に規定する合併法人若しくは合併親法人、令第113条第１項に規定する分割承継法人若しくは分割承継親法人、令第113条の２第１項に規定する完全子法人又は当該組織変更をした法人の株式（投資口を含む。以下この表において同じ。）又は出資（(ﾊ)において「合併法人株式等」という。）の価額の合計額を当該事由に係る発行済株式等総数で除して計算した金額

(ﾊ)　「金銭以外の資産の価額」の「その他の資産」の項　法第25条第１項各号に掲げる事由により株主等に交付をした金銭以外の資産（合併法人株式等を除く。）の価額の合計額を当該事由に係る発行済株式等総数で除して計算した金額

⑶　「１株又は出資１口当たりの資本金等の額から成る部分の金額」の項には、金銭及び金銭以外の資産の交付の基因となつた次に掲げる事由の区分に応じそれぞれ次に定める金額を記載すること。

(ｲ)　令第61条第２項第１号に掲げる合併　当該合併に係る同号に規定する被合併法人の同号に規定する資本金等の額を同号に規定する発行済株式等の総数で除して計算した金額

(ﾛ)　令第61条第２項第２号に掲げる分割型分割　当該分割型分割に係る同号に規定する分割法人の同号に規定する分割資本金額等を同号に規定する分割型分割に係る株式の総数で除して計算した金額

(ﾊ)　令第61条第２項第３号に掲げる株式分配　当該株式分配に係る同号に規定する現物分配法人の同号に規定する分配資本金額等を同号に規定する株式分配に係る株式の総数で除して計算した金額

(ﾆ)　令第61条第２項第４号に掲げる資本の払戻し又は解散による残余財産の分配（以下この表において「払戻し等」という。）　次に掲げる法人の区分に応じそれぞれ次に定める金額

(i)　(ii)に掲げる法人以外の法人　当該法人の当該払戻し等に係る令第61条第２項第４号イに規定する払戻等対応資本金額等を当該払戻し等に係る株式の総数で除して計算した金額

(ii)　令第61条第２項第４号ロに規定する法人　当該法人の当該資本の払戻しに係る種類の株式に係る同号ロに規定する払戻対応種類資本金額を当該資本の払戻しに係る当該種類の株式の総数で除して計算した金額

(ﾎ)　令第61条第２項第５号に掲げる出資等減少分配　当該出資等減少分配を行つた投資法人の同号に規定する分配対応資本金額等を当該投資法人の発行済みの投資口の総数で除して計算した金額

(ﾍ)　令第61条第２項第６号に掲げる自己株式の取得等　次に掲げる法人の区分に応じそれぞれ次に定める金額

(i)　令第61条第２項第６号イに規定する法人　当該法人の同号イに規定する資本金等の額を同号イに規定する発行済株式等の総数で除して計算した金額（当該資本金等の額が零以下である場合には、零）

(ii)　令第61条第２項第６号ロに規定する法人　当該法人の当該自己株式の取得等に係る株式と同一の種類の株式に係る同号ロに規定する種類資本金額を当該種類の株式の総数で除して計算した金額（当該種類資本金額が零以下である場合には、零）

⑷　「株式の数又は出資の口数」の項には、金銭及び金銭以外の資産の交付の基因となった次に掲げる事由の区分に応じそれぞれ次に定める数を記載すること。

(ｲ)　令第61条第２項第１号に掲げる合併　その交付を受けた者が当該合併の直前に有していた当該合併に係る同号に規定する被合併法人の株式の数又は出資の口数

(ﾛ)　令第61条第２項第２号に掲げる分割型分割　その交付を受けた者が当該分割型分割の直前に有していた当該分割型分割に係る同号に規定する分割法人の株式の数又は出資の口数

(ﾊ)　令第61条第２項第３号に掲げる株式分配　その交付を受けた者が当該株式分配の直前に有していた当該株式分配に係る同号に規定する現物分配法人の株式の数又は出資の口数

(ﾆ)　令第61条第２項第４号に掲げる資本の払戻し等　その交付を受けた者が当該払戻し等の直前に有していた当該払戻し等を行つた法人の当該払戻し等に係る株式の数又は出資の口数

(ﾎ)　令第61条第２項第５号に掲げる出資等減少分配　その交付を受けた者が当該出資等減少分配の直前に有していた当該出資等減少分配を行った投資法人の投資口の数

(ﾍ)　令第61条第２項第６号に掲げる自己株式の取得等　その交付を受けた者が当該自己株式の取得等の直前に有していた当該自己

株式の取得等を行つた法人の当該自己株式の取得等に係る株式の数又は出資の口数

(5)　数種の株式がある場合には、その区分に従い該当欄に併記すること。

(6)　金銭又は金銭以外の資産の交付が二回以上にわたつて行われる場合には、既に交付した額の累積額を「配当等とみなされる金額の総額」の項に外書すること。

(7)　「通知外国税相当額」の項には、配当等に係る租税特別措置法施行令第４条の９第14項、第４条の10第10項、第４条の11第10項若しくは第５条第10項に規定する通知外国法人税相当額（(7)において「調整対象通知外国法人税相当額」という。）又は租税特別措置法第９条の３の２第１項に規定する支払の取扱者（(12)において「支払の取扱者」という。）が同項に規定する上場株式等の配当等で配当等に該当するものの交付をする場合における当該配当等に係る同令第４条の６の２第28項に規定する通知外国法人税相当額を記載すること。また、記載した金額が当該調整対象通知外国法人税相当額又は当該通知外国法人税相当額のいずれかに該当するかの別を「摘要」欄に記載すること。

(8)　無記名株式等（法第36条第３項に規定する無記名株式等をいう。(9)において同じ。）について、元本の所有者と金銭又は金銭以外の資産の交付を受けた者とが異なる場合には、元本の所有者の住所若しくは居所又は本店若しくは主たる事務所の所在地及び氏名又は名称を「摘要」の欄に記載すること。

(9)　法第25条第１項各号に掲げる事由（当該事由の生じた日と同項の規定により配当等とみなされる金額の交付の確定した日（無記名株式等に係る配当等とみなされるものについては、その交付をした日）とが異なる場合には、その事由及びその事由の生じた日）を合併、分割型分割、株式分配、資本の払戻し、出資等減少分配、残余財産の分配、自己の株式の取得、自己の出資の取得、出資の消却、出資の払戻し、退社、脱退、組織変更、信託の併合、信託の分割、元本の払戻し、信託の終了のように「摘要」の欄に記載すること。

(10)　その支払うべき配当等が、租税特別措置法第８条の４第１項に規定する上場株式等の配当等（(10)において「上場株式等の配当等」という。）に該当する場合には「(上場)」と、上場株式等の配当等以外の配当等に該当する場合には「(一般)」とそれぞれ「摘要」の欄に記載すること。

(11)　納税管理人が明らかな場合には、その氏名及び住所又は居所を「摘要」の欄に記載すること。

(12)　配当等の支払の取扱者がこの支払調書（支払通知書）を作成する場合には、当該配当等の支払者及び当該支払の取扱者の双方の名称、所在地及び法人番号を、それぞれ「支払者」の欄又は「支払の取扱者」の欄に記載すること。

(13)　支払を受ける者が非居住者又は外国法人である場合には、「摘要」の欄に(非)と記載すること。

(14)　租税条約の規定により所得税が軽減され、又は免除されるもの（外国居住者等所得相互免除法第２章の所得税の軽減又は非課税に関する規定により軽減され、又は非課税とされるものを含む。）については、その旨を「摘要」の欄に記載すること。

3　この表に記載すべき事項を記載した書面（用紙の大きさは、日本工業規格Ａ６に準ずる。）をもつてこの表に代えることができる。

4　合計表をこの様式に準じて作成し、添付すること。

なるほど！プラス：自己株式の低額取得や高額取得があった場合について検討してみる!!

⑴　自己株式を取得する際の購入金額はどのように決定する？

①　相対取引のため、売却者との交渉により決定した金額

②　法人税基本通達９-１-14《市場有価証券等以外の株式の価額の特例》により算定した金額

③　その他

第三者間での取引となる場合には、①の金額が本来であると考えられますが、自己株式の取得であるという点を考慮すると、第三者間取引となる可能性は低く、一般的には②により算定する場合が多いと考えられます。

②の場合には財産評価基本通達に準じて株価算定を行います。

なお、中心的な同族株主に該当するときは、評価会社を小会社として扱い純資産価額方式においては土地及び市場有価証券は時価により計算し、法人税等相当額（37%）を控除しないで計算する、という制限があります。

⑵　自己株式の低額取得の場合

自己株式を時価より低い対価の額で取得した場合を検討してみましょう。

①　自己株式の取得価額

自己株式の時価は⑴により算定するとして、その金額が自己株式の取得価額と考えることになるのでしょうか？

法人税法施行令119条には、次のように規定されています。

法令119　有価証券の取得価額

内国法人が有価証券の取得をした場合には、その取得価額は、次の各号に掲げる有価証券の区分に応じ当該各号に定める金額とする。

一　購入した有価証券（法第61条の４第３項（有価証券の空売り等に係る利益相当額又は損失相当額の益金又は損金算入等）又は第61条の５第３項（デリバティブ取引に係る利益相当額又は損失相当額の益金又は損金算入等）

の規定の適用があるものを除く。）

その購入の代価（購入手数料その他その有価証券の購入のために要した費用がある場合には、その費用の額を加算した金額）

⋮

二十七　前各号に掲げる有価証券以外の有価証券

その取得の時におけるその有価証券の取得のために通常要する価額

これによると購入と考えるなら購入代価、その他と考えるなら時価、となります。

しかし、法人税法２条において有価証券の定義は次のように定められています。

法法２①二十一　有価証券

金融商品取引法（昭和23年法律第25号）第２条第１項（定義）に規定する有価証券その他これに準ずるもので政令で定めるもの（自己が有する自己の株式又は出資及び第61条の５第１項（デリバティブ取引に係る利益相当額又は損失相当額の益金又は損金算入等）に規定するデリバティブ取引に係るものを除く。）をいう。

このように有価証券の定義において自己株式は除かれています。したがって、法令119によって判断することはないと考えられます。

②　自己株式の取扱い

自己株式を取得した場合の取扱いは法人税法施行令８条①二十と同９条①十四に規定があります。

法令８　資本金等の額

法第２条第16号（定義）に規定する政令で定める金額は、同号に規定する法人の資本金の額又は出資金の額と、当該事業年度前の各事業年度（(省略)）の第１号から第12号までに掲げる金額の合計額から当該法人の過去事業年度の第13号から第22号までに掲げる金額の合計額を減算した金額（(省略)）に、当該法人の当該事業年度開始の日以後の第１号から第12号までに掲げる金額を加算し、これから当該法人の同日以後の第13号から第22号までに掲げる金額を減算した金額との合計額とする。

一　株式（出資を含む。以下第10号までにおいて同じ。）の発行又は自己の株式の譲渡をした場合（次に掲げる場合を除く。）に払い込まれた金銭の額及び給付を受けた金銭以外の資産の価額その他の対価の額に相当する金額からその発行により増加した資本金の額又は出資金の額（法人の設立による株式の発行にあっては、その設立の時における資本金の額又は出資金の額）を減算した金額

⋮

二十　法第24条第１項第５号から第７号までに掲げる事由（以下この号において「自己株式の取得等」という。）により金銭その他の資産を交付した場合の取得資本金額（次に掲げる場合の区分に応じそれぞれ次に定める金額をいい、当該金額が当該自己株式の取得等により交付した金銭の額及び金銭以外の資産の価額（適格現物分配に係る資産にあっては、その交付の直前の帳簿価額）の合計額を超える場合には、その超える部分の金額を減算した金額とする。）

法令９　利益積立金額

法第２条第18号（定義）に規定する政令で定める金額は、同号に規定する法人の当該事業年度前の各事業年度（(省略)）の第１号から第７号までに掲げる金額の合計額から当該法人の過去事業年度の第８号から第14号ま

でに掲げる金額の合計額を減算した金額（省略）に、当該法人の当該事業年度開始の日以後の第１号から第７号までに掲げる金額を加算し、これから当該法人の同日以後の第８号から第14号までに掲げる金額を減算した金額とする。

⋮

十四　第８条第１項第20号に規定する合計額が同号に規定する取得資本金額を超える場合におけるその超える部分の金額

上記（法令９十四）によると、「交付金銭等の合計額が取得資本金額を超える部分」が「利益積立金額の減少額」と規定されていますので、時価との差額という概念はないように考えられます。

③　事例検討

例：時価1,000千円の自己株式を800千円で取得。

（取得資本金額500千円。直前帳簿価額750千円）

(イ)　取得法人（単位：円）

借方	金額	貸方	金額
資本金等の額	500,000	現預金	738,740
利益積立金額	300,000	預り金	61,260 ※

※300,000×20.42%

(ロ)　売却者

㋑　個人の場合（単位：円）

借方	金額	貸方	金額
現預金	738,740	有価証券	750,000
売却損	250,000	受取配当金	300,000
預け金	61,260		

※１　時価の２分の１未満の対価による譲渡であった場合には、所得税法59条の規定により時価による譲渡があったものとみなされます。

※２　売却者が個人の場合は、売却者から他の個人株主に対する株主

間贈与が発生する可能性も考えられます。

㋺　法人の場合…？？

売却した法人にとっては、相手方にとって自己株式であっても自社にとっては有価証券であるため、通常の有価証券の売却処理として扱います。

法法61条の２　有価証券の譲渡益又は譲渡損の益金又は損金算入

内国法人が有価証券の譲渡をした場合には、その譲渡に係る譲渡利益額（第１号に掲げる金額が第２号に掲げる金額を超える場合におけるその超える部分の金額をいう。）又は譲渡損失額（同号に掲げる金額が第１号に掲げる金額を超える場合におけるその超える部分の金額をいう。）は、《省略》、益金の額又は損金の額に算入する。

一　その有価証券の譲渡の時における有償によるその有価証券の譲渡により通常得べき対価の額（第24条第１項（配当等の額とみなす金額）の規定により第23条第１項第１号又は第２号（受取配当等の益金不算入）に掲げる金額とみなされる金額がある場合には、そのみなされる金額に相当する金額を控除した金額）

二　その有価証券の譲渡に係る原価の額（その有価証券についてその内国法人が選定した１単位当たりの帳簿価額の算出の方法により算出した金額（算出の方法を選定しなかった場合又は選定した方法により算出しなかった場合には、算出の方法のうち政令で定める方法により算出した金額）にその譲渡をした有価証券の数を乗じて計算した金額をいう。）

このことから、売却した法人の処理は次の３種類が考えられます。

（再掲）

時価1,000千円の自己株式を800千円で売却。

（取得資本金額500千円。直前帳簿金額750千円）

A案

借方		貸方	
現預金	738,740	有価証券	750,000
未収金	200,000	受取配当金	300,000
売却損	50,000 ※1		
法人税等	61,260		

＋

借方		貸方	
寄附金	200,000	未収金	200,000

※1　取得法人において、取得資本金額500千円とみなし配当300千円が計算されることから、売却法人において時価ベースで計算する場合はみなし配当部分が固定となり、売却損益部分が変動する？

B案

借方		貸方	
現預金	738,740	有価証券	750,000
未収金	200,000	**受取配当金**	500,000 ※2
売却損	250,000		
法人税等	61,260		

＋

借方		貸方	
寄附金	200,000	未収金	200,000

※2　取得資本金額は変動しないため、交付金銭等を時価で計算し、取得資本金額を超える部分（みなし配当部分）が変動する？

C案　時価との差額の概念無し（個人の場合と同じ処理）

なお、売却者が法人の場合は、他の株主に対する株主間贈与は無いものと考えられます。

④　**結論**

みなし配当金額については法人税法施行令９条①十四において「交付金銭等の合計額が取得資本金額を超える場合におけるその超える部分の金額」であることから、次のように計算されます。

（みなし配当金額）交付金銭800千円－取得資本金額500千円＝300千円

さらに、有価証券の譲渡対価については、法人税法61条の２①一において「通常得べき対価の額」であり、また、法人税法は適正時価に引き直して取引が行われたものとする考えをとっていることから、1,000千円をベースに計算するものと考えられます。そこから同号のカッコ書きにより、みなし配当金額を控除した金額が対価と考えられます。

譲渡対価（1,000千円－300千円）－譲渡原価750千円＝△50千円（譲渡損）

その結果、A案による処理が適正であると考えられます。

※　B案の場合、取得法人側における利益積立金額の減少額（みなし配当金額）の計算において、交付金銭等の額を1,000千円で計算しなければ売却法人側とみなし配当金額が一致しないこととなりますが、みなし配当は源泉徴収義務者側で計算して通知される（法令23④）ためそのような処理にはならないと考えられます。

⑶　自己株式の高額取得の場合

自己株式を時価より高い対価の額で取得した場合を検討してみましょう。

①　自己株式の取得価額

⑵の低額取得の場合と同様に、取得価額としての概念はないものと考えられます。

②　自己株式の取扱い

⑵と同様に、法人税法施行令8条①二十と同9条①十四による取扱いとなり、167頁②と同様に、時価との差額という概念はないように考えられます。

③　事例検討

例：時価1,000千円の自己株式を1,800千円で取得。

（取得資本金額500千円。直前帳簿価額750千円）

㈠　取得法人（単位：円）

借方	金額	貸方	金額
資本金等の額	500,000	現預金	1,534,540
利益積立金額	1,300,000	預り金	265,460 ※

※1,300,000×20.42%

㈡　売却者【個人・法人共通】（単位：円）

借方	金額	貸方	金額
現預金	1,534,540	有価証券	750,000
売却損	250,000	受取配当金	1,300,000
法人税等	265,460		

④　資本等取引のみ？？（２つの取引と考えた場合）

条文を確認する限りでは上記③の取扱いであると考えられます。

しかし、交付した金銭等の合計額のうちに「贈与部分が含まれている」と考えることは不可能でしょうか？

つまり、時価1,000千円の自己株式の購入に当たって支出した1,800千円のうち、1,000千円は購入代価的なものであり、800千円は売却者に対する贈与であるとする考え方です。

２つの取引を同時に行ったと考えた場合には次の取扱いになります。

(イ)　自己株式取得法人（仕訳の単位：円）

1,000千円をベースに自己株式の取得があったものとし、800千円については寄附金の支出（又は役員給与）があったものとします。

資本金等の額	500,000	／	現　預　金	897,900
利益積立金額	500,000	／	預　り　金	102,100 ※

※500,000×20.42%

＋

寄　附　金	800,000	／	現　預　金	800,000

利益積立金額の減少額を計算する際の「交付金銭等の額」については法人税法施行令８条①二十において「法第24条第１項第５号から第７号までに掲げる事由（自己株式の取得等）により」交付するものとされています。

このことから、時価1,000千円である自己株式の取得に当たって支出した1,800千円については、自己株式の取得のための支出1,000千円と純然たる寄附としての支出800千円が同時に行われたと考えることができます。

(ロ)　売却者【個人・法人共通】（仕訳の単位：円）

1,000千円をベースに自己株式取引を処理し、800千円については受贈益。

現預金	897,900	有価証券	750,000
売却損	250,000	受取配当金	500,000
法人税等	102,100		

＋

現預金	800,000	受贈益	800,000

※　個人株主の場合、受贈益は法人からの贈与であるため一時所得となります。ただし、売却者が取得法人の役員等である場合は給与所得となります。

上記のように自己株式を時価より高額で取得する場合には、複数の取引を同時に実行していると考えることにより損益が発生する可能性が生じます。

特に法人間取引の場合には、売却法人側では受取配当金部分はみなし配当として益金不算入の対象であるため、③の処理では1,300千円が益金不算入の対象となりますが、④の考え方では益金不算入の対象額は500千円となり、800千円部分は原則として寄附金又は受贈益として課税対象[1]となります。

ただし、一般的に時価には幅があると考えられますので、意図的な利益供与（租税回避等）がなければ通常は③の処理になるものと考えられます。

1　法人による完全支配関係がある法人間での取引は除きます。

第6章

組織再編

I　組織再編成の概要

1　概要

本書がテーマとしている税務上の純資産の部（別表五(一)）が大きく動く行為として、組織再編行為があります。会社法では、第5編（会法743～816の10）において、組織変更とともに合併、会社分割、株式交換及び株式移転並びに株式交付に関する各章を設け、会社の組織再編行為について規定しています。

税法では、これら会社法上の組織再編行為に加え、現物出資、現物分配も組織再編成の一類型として取り扱われ[1]、広義には、株式分配、全部取得条項付種類株式に係る取得決議、株式の併合及び株式売渡請求に係る承認までをも含めて、組織再編税制の対象となる行為として整理されています。

ここでは、非上場の株式会社を前提に、合併、分割、株式交換及び現物分配について取り上げます。

2　組織再編成を実行する場面と選択されるスキーム

(1)　経営の合理化や意思決定の明確化等の経営課題への対処

組織再編成を実行する場面	スキーム
複数ある法人を1つに統合する場合	合併
優良事業（優良不動産）と不採算事業とを切り分ける場合	分割
既存法人の完全親子会社化	株式交換
複数法人を持株会社の傘下に兄弟会社化	（共同）株式移転
孫会社の子会社化	現物分配（孫会社株式の親会社への現物配当）
グループ内での株式の持合い状態の解消	現物分配など

1　法人税申告書に添付する付表「組織再編成に係る主要な事項の明細書」に記載が求められる行為

(2)　税制面からの要請

組織再編成を実行する場面	スキーム
グループ法人税制等の適用を見据えて法人を頂点とする完全支配関係を構築する場合	株式交換・株式移転
期限切れが見込まれる繰越欠損金をグループ内で有効に活用する場合	合併
債務超過会社（マイナスの株価）と資産超過会社（プラスの株価）とを統合して、株式の評価額のうち純資産評価額を下げる場合	合併
高収益部門の子会社化により個人株主が直接保有する法人の利益水準を下げて株価の上昇を抑える場合	分社型分割
個人株主が直接保有する持株会社の株式保有割合を下げる場合	子会社からの不動産等の現物分配
株価の高い法人を、類似業種比準方式が適用されている会社の子会社とする場合	株式交換
株価の上昇が見込まれる法人について、その株価の上昇分について、評価差額に対する法人税等に相当する金額（評通186-2）を控除させる場合	株式移転
会社の業種区分を変える場合	合併・分割

3　適格組織再編成と非適格組織再編成

組織再編行為による資産及び負債の移転については、税務上は原則として時価相当額での譲渡があったものとして（法法62）、課税関係が発生します。また、株主に対して株式等の交付があった場合には、法人内で留保されていた課税済利益（利益積立金額）が株主側に還流したものと考え、一定の場合にはみなし配当が発生します。株式交換や株式移転で完全子会社となった法人については、その有する資産の含み損益について時価評価して課税をする（法法62の9）取扱いがあり、課税関係を組織再編時にいったん清算する考えがとられています（非適格組織再編成）。

一方で、組織再編成により資産を移転する前後で経済実態に実質的な変更がないと考えられる場合には、課税関係を継続させるのが適当と考えられ、移転資産等の譲渡損益を繰り延べることとされています（適格組織再編成）。

譲渡損益を繰り延べる適格組織再編成は、①企業グループ内組織再編成と、②共同事業を行う場合の組織再編成に分類[2]され、それぞれについて税制適格要件があります。

なお、組織再編税制の枠内で税制適格要件を満たさない場合においても、グループ法人税制の適用を受けることにより、その譲渡損益を繰り延べることがあることには留意が必要です。

本書では法人税申告書別表の記載の仕方（会計処理と税務処理の調整）を中心に解説を加えているため、その前提として会計処理についても言及しています。企業結合に関する会計基準では、「取得」、「共同支配企業の形成」及び「共通支配下の取引等」の３類型の会計処理がありますが、組織再編成の大半がグループ内再編であり、そのよるべき会計処理も「共通支配下の取引等」であることが多いため、本書では「共通支配下の取引等」に該当することを前提として説明を行います。

2　分割型分割については、さらに③独立して事業を行う場合の組織再編成と３つに分類するのが一般的とされています。

なるほど！プラス：完全支配関係と支配関係の定義

税制適格要件の判定に当たり、株主も含めた各法人間の資本関係の整理は重要です。企業グループ内の組織再編成に該当するか否かの判定は、再編の当事者が「完全支配関係」又は「支配関係」にあるかどうか着目します。「完全支配関係」及び「支配関係」の概要は、次のとおりです。

(1) 完全支配関係

完全支配関係とは、次のものをいいます（法法２十二の七の六・法令４の２②）

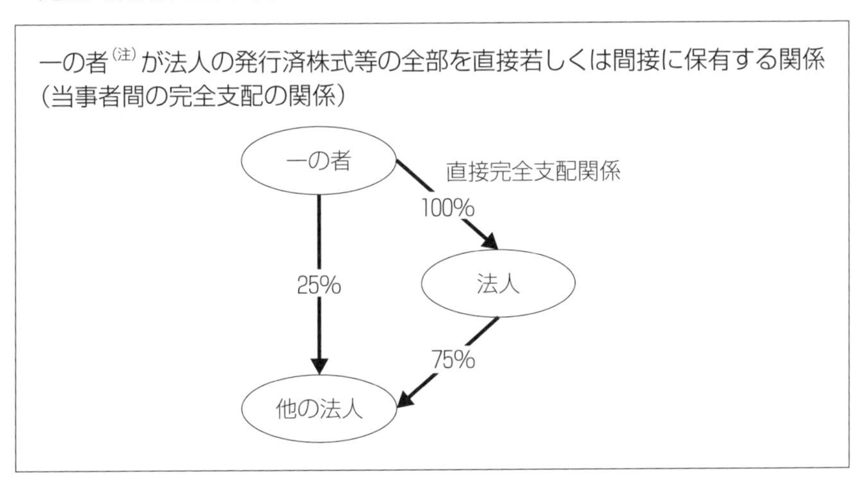

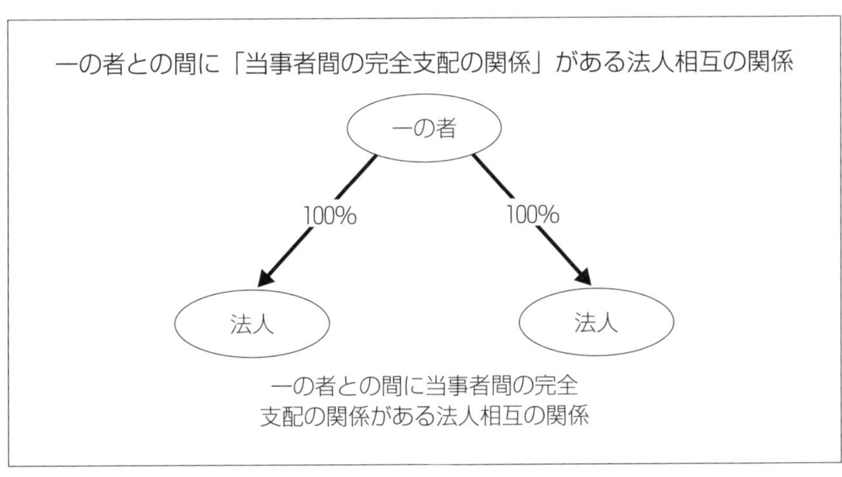

（注）一の者が個人である場合には、その者及び親族等の特殊な関係のある者を「一の者」とします（法令4①、4の2②かっこ書）。

⑵　支配関係

支配関係とは、次のものをいいます（法法2十二の七の五・法令4の2①）

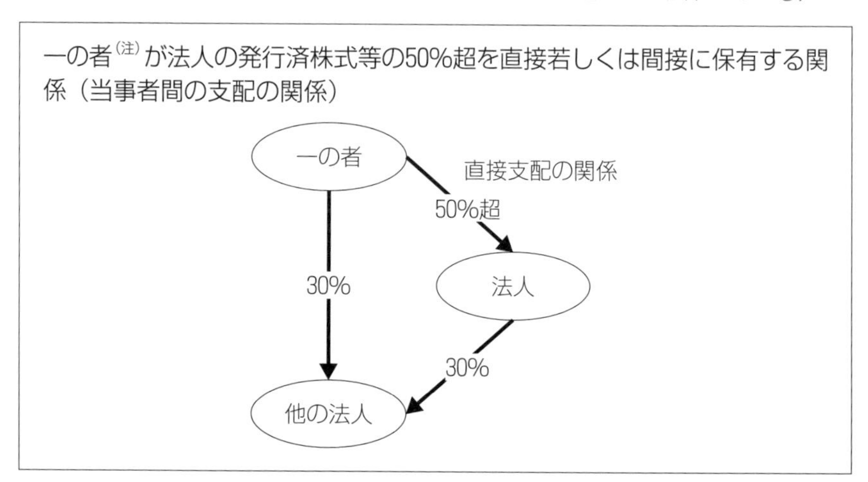

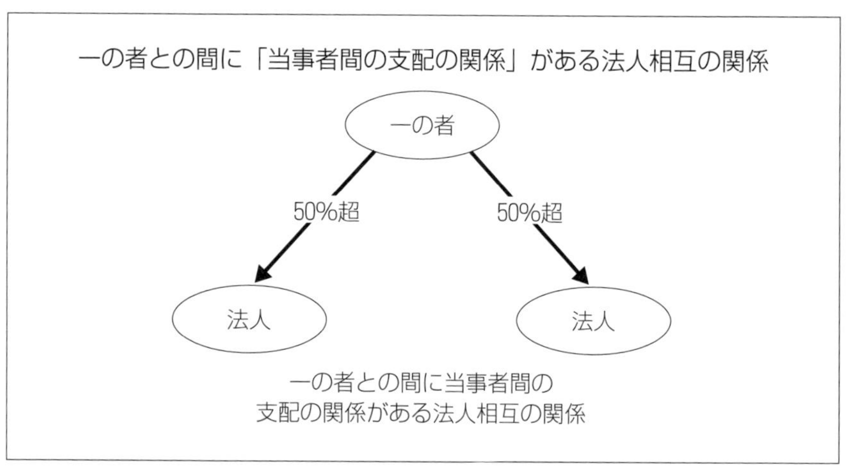

（注）一の者が個人である場合には、その者及び親族等の特殊な関係のある者を「一の者」とします（法令4①、4の2①かっこ書）。

Ⅱ 合併

1 合併とは

合併とは、二つ以上の会社が契約によって１つの会社に合体する行為をいいます。合併には、当事会社の全てが消滅して新しい会社を設立する方法（新設合併）と、当事会社の１つが存続して他の消滅する会社を吸収する方法（吸収合併）とがあります。前者が用いられることは少ないため、後者の吸収合併を前提に以下は説明します。

合併により消滅する会社は解散により消滅しますが、その他の解散の場合と異なり、会社の権利義務の全部が合併後に存続する会社に包括的に承継されるため、清算手続きは行われません（会法475①一かっこ書）。

合併後に存続する会社は人的物的規模を拡大するため、消滅する会社の株主に対して合併対価を交付します。合併法人が交付する合併対価の内容は、税制適格要件の判定に影響します。

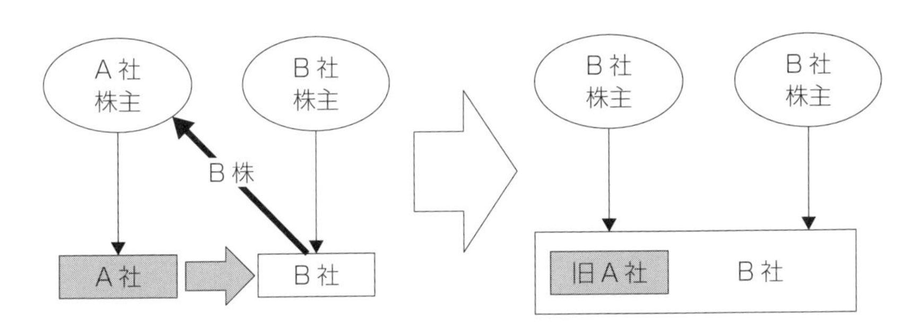

2 法務手続きの概要

合併は、会社法上の下表の手続きを経て行われます。合併は、株主や新株予約権者にとって、また、会社債権者にとって重大な影響を及ぼす行為であるため、株主総会の決議と債権者保護手続きが重要となります。これらの手続きをどのような順番で進めるかは問われておらず、同時進行も可能です。

手続き	内容
合併契約の締結 （会法748・749）	当事会社間で法定事項を定めた合併契約を締結する。 取締役会設置会社は、取締役会の決議が必要。
事前の開示（会法782・794）	合併契約の内容を事前に開示し、株主及び会社債権者の閲覧に供する。
株主総会による承認 （会法783・784・795・796）	合併効力発生日の前日までに、各当事会社において、合併契約について株主総会の特別決議を受ける。
反対株主等の株式買取請求 （会法785・797・806）	反対株主は、消滅会社又は存続会社に対し、自己の有する株式を公正な価格で買い取ることを請求することができる。
会社債権者異議手続 （会法789・799）	各当事会社において、会社債権者意義手続きを行う。公告をするとともに、知れている債権者に対して個別催告を行う。
登記（会法921）	効力発生日から一定期間内に、存続会社については変更登記を、消滅会社については解散登記をする。 会社登記のみならず、不動産の移転登記も必要。
事後の開示（会法801）	存続会社は、合併によって承継した権利義務の内容を記載した書類等を本店に据え置く。

3　税制適格要件

合併によりその有する資産負債を他の法人に移転した場合には、合併時の時価による譲渡をしたものとして譲渡損益を計上します（法法62①）。

ただし、合併の前後で経済実態に実質的な変更がないと考えられるような場合には、課税関係を発生させないこととされています（法法62の２）。この課税関係を発生させないための要件（適格要件）は、主としてその当事会社の資本関係に応じ、①完全支配関係がある場合、②支配関係がある場合、③共同事業を行う場合の３つの類型に整理されます。それぞれの類型における各要件は、次表のとおりです。

要　件	企業グループ内の組織再編		共同事業を営む場合
	完全支配関係（100%）がある場合	支配関係（50%超）がある場合	
(1)金銭等不交付要件	要	要	要
(2)（完全）支配関係継続要件	要	要	―
(3)従業者引継要件	―	要	要
(4)事業継続要件	―	要	要
(5)事業関連性要件	―	―	要
(6)事業規模等要件	―	―	要
(7)株式継続保有要件(注)	―	―	要

(注) 合併直前にその合併に係る被合併法人の全てについて他の者との間に当該他の者による支配関係がない場合には要件とされていません。

(1)　金銭等不交付要件（法法２十二の八）

合併の対価として合併法人株式又は合併親法人株式のうちいずれか一の株式以外の資産の交付がないこと。ただし、次のものが交付された場合には、この金銭等不交付要件は満たすものとされます。

・１株未満の端数相当の金銭
・剰余金の配当としての金銭
・反対株主買取請求に基づく対価としての金銭
・合併法人が被合併法人の発行済株式総数の３分の２以上を保有する場合に、他の株主に交付される金銭

⑵　（完全）支配関係継続要件（法法２十二のハイ・法令４の３②）

次に掲げるいずれかの関係があること。

完全支配関係継続要件（100％）の場合 （法法２十二のハイ・法令４の３②）	支配関係継続要件（50％超）の場合 （法法２十二のハロ、法令４の３③）
当事者間の完全支配関係	当事者間の支配関係
同一の者による完全支配関係の継続見込	同一の者による支配関係の継続見込

⑶　従業者引継要件（法法２十二のハロ⑴・法令４の３④三）

被合併法人の合併の直前の従業者のうち、その総数のおおむね80％以上に相当する数の者が合併後に合併法人の業務に従事することが見込まれていること。

⑷　事業継続要件（法法２十二のハロ⑵）

被合併法人の合併前に行う主要な事業が合併後に合併法人において引き続き行われることが見込まれていること。

⑸　事業関連性要件（法令４の３④一）

被合併法人の被合併事業と合併法人の合併事業とが相互に関連するものであること。

⑹　事業規模等要件（法令４の３④二）

次の事業規模要件又は経営参画要件のいずれかを満たすこと。

①　事業規模要件

被合併法人の被合併事業と合併法人の合併事業のそれぞれの売上金額、被合併事業と合併事業のそれぞれの従業者の数、被合併法人と合併法人のそれぞれの資本金の額の割合がおおむね５倍を超えないこと。

②　経営参画要件

合併前の被合併法人の特定役員のいずれかと合併法人の特定役員のいずれかとが合併後に合併法人の特定役員となることが見込まれていること。

(7)　株式継続保有要件（法令4の3④五）

合併により交付される合併法人株式又は合併親法人株式のうちいずれか一方の株式（議決権のないものを除く。）であって支配株主に交付されるものの全部が支配株主により継続して保有されることが見込まれていること。

なるほど！プラス：非適格組織再編とグループ法人税制

内国法人が、完全支配関係がある他の内国法人に対してその有する譲渡損益調整資産を譲渡した場合には、その譲渡損益調整資産に係る譲渡利益額又は譲渡損失額に相当する金額は、その事業年度の損金の額又は益金の額に算入します（法法61の11①）。

譲渡損益調整資産とは、固定資産、土地（土地の上に存する権利を含み、固定資産に該当するものを除きます。）、有価証券、金銭債権及び繰延資産などの資産で帳簿価額が１千万円以上の資産など一定のものをいいます（法法61の11①、法令122の12①）。

本書の第６章では、組織再編税制に関する別表五㈠の記載を中心に解説をしていますが、組織再編税制は税制適格要件を満たすもの（適格組織再編成）については時価課税が行われず、一方、税制適格要件を満たさないもの（非適格組織再編成）については、原則として時価による譲渡があったものとされます（法法62）。

譲渡損益調整資産の譲渡から生じる譲渡利益額又は譲渡損失額に相当する金額を繰り延べるいわゆるグループ法人税制には、「非適格組織再編成による譲渡」も、その範囲に含まれます。

完全支配関係下にある法人間で行う組織再編成は、基本的には税制適格要件を満たすことが多いと思われますが、非適格組織再編成に該当した場合や意図的に非適格組織再編にした場合であっても、グループ法人税制の適用を受けることで、結果的に適格組織再編成と同じように資産の含み損益を実現させない結果となることがある点には注意が必要です。

また、適格組織再編税制と異なり、グループ法人税制によって繰り延べられた譲渡利益額又は譲渡損失額に相当する金額は、その後の株主構成の変更などにより完全支配関係が途切れた場合などには、繰り延べていた譲渡損益を実現させる必要があり（法法61の11②③④）、グループ法人税制の適用を受けたことを将来にわたって管理し続ける必要もあります。

非適格組織再編税制だけれども、グループ法人税制が適用されて譲渡損益が生じないというケースがあり得ることには、注意が必要です。

4 非適格合併の場合

【前提】　　(単位：千円)

被合併法人は、同一の株主グループに支配される他社と合併して消滅します(子会社同士の合併)。また、税制適格要件は満たさないものとする。

合併直前の被合併法人の貸借対照表

借方	貸方
諸資産　2,600 (時価　2,700)	諸負債　2,000 (時価　2,000)
	資本金　100 利益剰余金　500

合併直前の時価純資産額700千円(2,700千円－2,000千円)から最後事業年度の法人税等相当額(含み益100千円×30%＝30千円)を控除した金額670千円が、交付される合併対価の額とする。

(1) 非適格合併の被合併法人の取扱い

① 会計処理

吸収合併により消滅する会社は、合併期日の前日に決算を行い、資産及び負債の適正な帳簿価額を算定します(適用指針242・246・250)。

(合併により消滅する際の仕訳)

借方	金額	貸方	金額
諸負債	2,000	諸資産	2,600
資本金	100		
利益剰余金	500		

② 税務処理

非適格合併により資産及び負債を移転したときは、時価による譲渡をしたものとして譲渡損益を計算します。この場合、被合併法人は合併法人から新株等をその時の価額により取得し、直ちにそれを被合併法人の株主等に交付したものとされます(法法62①)。

譲渡損益は、最後事業年度（合併の日の前日の属する事業年度）の益金の額又は損金の額に算入します（法法62②）。なお、非適格合併に該当する場合でも、グループ法人税制の適用を受ける場合には、譲渡損益の計上は繰り延べられます。

（税務仕訳）

i　譲渡損益の計上

借方	金額	貸方	金額
諸　負　債[3]	2,030	諸　資　産	2,600
新　株　等	670	譲　渡　益	100

ii　新株等の株主等への交付

借方	金額	貸方	金額
資本金等の額	100	新　株　等	670
利益積立金額	570		

資本金等の額と利益積立金額の減少に関して具体的に規定した法令はありませんが、最後事業年度終了時の全額が減少するものと考えます。なお、減少した利益積立金額に相当する金額が、被合併法人の株主の側でみなし配当として扱われます。

③　税務調整

合併による資産及び負債の移転は合併の日に生じますが、合併の日の前日で事業年度が終了する（法法14①二）ため、税務上はその前日の属する事業年度（最後事業年度）で益金の額又は損金の額を計上します。

通常、会計上はその損益は計上されないものと考えられるため、税務調整により益金の額又は損金の額に算入します。

3　合併により移転する負債には、申告書の提出期限が合併の日以後に係る法人税及び住民税を含みます（法令123②）。本事例では、30（譲渡益100×30％）を税務上の負債（未納法人税等）として計上しています。

〈別表四〉　　（単位：千円）

区　分		総　額	処　分	
			留　保	社外流出
当期利益又は当期損失の額				
加算				
減算				
合　計				
非適格合併又は残余財産の全部分配による移転資産等の譲渡利益額又は譲渡損失額		100		100
差引計				

(2)　非適格合併の合併法人の取扱い

①　会計処理

共通支配下の取引により移転する資産及び負債は、原則として移転直前に付された適正な帳簿価額により計上します（企業結合に関する会計基準41・適用指針247）。

純資産の部は、合併契約の定めに従い資本金、資本準備金又はその他資本剰余金に任意に配分する方法（会計規35）と、被合併法人の株主資本の内訳をそのまま引き継ぐ方法（会計規36）とがあります。本事例では、後者によった場合を前提に説明します。

（会計仕訳）

借方	金額	貸方	金額
諸資産	2,600	諸負債	2,000
		資本金	100 A
		利益剰余金	500 B

②　税務処理

合併法人は、被合併法人の資産及び負債をその時の価額により取得します（法令32①三・他）。

被合併法人の株主等へ交付した新株その他の資産の価額の合計額を資本金等の額の加算項目とします（法令８①五イ）。

非適格合併では、合併法人に利益積立金額は引き継がれません。合併法人の利益積立金額は、課税済利益の分配（みなし配当）として被合併法人の株主の側に渡ったと考えます。

（税務仕訳）

諸　資　産	2,700	諸　負　債	2,000
		未納法人税等	30
		資本金等の額	670

③　**税務調整**

諸　資　産	100	利益積立金額	100 C
利益積立金額	30	未納法人税等	30 D
利益積立金額	570 E	資本金等の額	570 F

会計処理で利益剰余金を500千円増加させたことにより、別表五㈠Ⅰの繰越損益金の欄を通じて利益積立金額が500千円増加しています。これを資本金等の額に振り替え、合併法人側で利益積立金額の増減が生じていない状態に調整します。

別表五㈠Ⅰ．利益積立金額の計算に関する明細書　　(単位：千円)

区　分	期首現在 利益積立金額	当期の増減		差引翌期首現在 利益積立金額
		減	増	
	①	②	③	④
諸　資　産			C　※100	
資本金等の額 (非適格合併)			E　※△570	
繰越損益金			B　※500	
未納法人税等			D　※　△30	
差引合計額			0	

【税務上の仕訳と一致】

会計処理（会社法）で増加させた資本金の額100千円が別表五㈠Ⅱの資本金の欄を通じて100千円増加しているため、不足する570千円を利益積立金額との振替により増加させ、増加する資本金等の額を670千円にします。

別表五㈠Ⅱ．資本金等の額の計算に関する明細書　　(単位：千円)

区　分	期首現在 資本金等の額	当期の増減		差引翌期首現在 資本金等の額
		減	増	
資　本　金			A　100	
利益積立金額 (非適格合併)			F　※570	
差引合計額			670	

【税務上の仕訳と一致】

⑶　非適格合併の被合併法人の株主の取扱い

被合併法人の株主は、被合併法人が合併により消滅するため被合併法人株式（以下「旧株」）を有しないこととなり、一方で、合併法人から合併対価（以下「新株等」）の交付を受けます。税務上は、この新株等は被合併法人が合併法人から取得し、直ちにこれを被合併法人の株主等へ交付したものとします（法法

62)。

①　みなし配当

被合併法人の株主が交付を受けた株式等の価額の合計額が、被合併法人の資本金等の額のうち交付の基因となった株式に対応する部分の金額を超えるときは、その超える部分の金額はみなし配当として扱われます（法法24①一・所法25①一）。

②　株式の譲渡損益

⑴　譲渡損益が生じない場合（金銭等の交付が無い場合）

金銭等の交付がない合併（金銭等不交付合併）により新株等の交付を受けた場合における旧株の譲渡損益の計算は、譲渡対価の額を旧株の譲渡直前の帳簿価額とする（譲渡対価の額と譲渡原価の額を同額として扱う）ことにより、譲渡損益は生じません（法法61の２②・措法37の10③一かっこ書・所令112②）。

取得する新株等の取得価額は、旧株の合併の直前の帳簿価額に相当する金額（みなし配当金額がある場合にはその金額を加算した金額）となります（法令119①五・所令112①）。

（税務仕訳）

旧株の譲渡直前の簿価は80千円とします。被合併法人の最後事業年度の利益積立金額は本事例では570千円です。

譲渡原価	80	／	被合併法人株式	80
合併法人株式	80	／	譲渡対価	80
合併法人株式	570	／	みなし配当	570

通常、みなし配当が生じる非適格合併では、そのみなし配当に係る源泉所得税の徴収のために新株の交付に合わせて金銭の交付をすることが多いものと考えられ、非適格合併の際に金銭等不交付合併に該当するケースは少ないものと

思われます。なお、上記税務仕訳ではみなし配当に係る源泉徴収の計算は省略しています。

⑶　譲渡損益が生じる場合

合併により新株の交付にあわせて金銭等の交付を受けた場合には、旧株を時価で譲渡したものとして譲渡損益を計上します。譲渡対価の額からは、みなし配当の金額を控除します（法法61の２①一・措法37の10③一・措基通37の10-１）。

取得する合併法人株式の取得価額は、その時の価額となります（法令119①二十七・所令109①六）。

（税務仕訳）

旧株の譲渡直前の簿価は80千円とする。本事例では、合併対価の額は670千円で最後事業年度の被合併法人の利益積立金額は570千円とする。

借方		貸方	
譲渡原価	80	被合併法人株式	80
合併法人株式・現金	670	譲渡対価	100
		みなし配当	570

なるほど！プラス：債務超過会社の合併

債務超過会社が合併を行えるかについては、旧商法時代には合併差損を生じさせたままでは合併ができないと解されていましたが、今日では、取締役がこれを株主総会で説明（会法795②）した上で承認を受ける（同①）ことにより、債務超過会社も合併を行うことができるとされています。

会計処理及び税務処理について、特別な取扱いはありませんが、合併比率の算定が困難であるという実務上の課題があります。債務超過会社を被合併法人とする場合には、合併対価を交付しない無対価合併も選択肢の一つとなりますが、合併法人と被合併法人の株主構成が異なる状態で無対価合併を行うと税制適格要件を満たさないことがあり、繰越欠損金の引き継ぎが出来ないなどの失敗例が考えられます。

債務超過会社と合併をする場合には、事前に債務超過会社を合併法人の完全子会社にしてから実行するなど、組織再編行為の前裁きを検討する必要があります。

5 適格合併の場合

【前提】　（単位：千円）

被合併法人は、同一の株主グループに支配される他社と合併して消滅する。（子会社同士の合併）。また、税制適格要件を満たすものとする。

合併直前の被合併法人の貸借対照表

借方	貸方
諸資産　3,000 （税務上簿価　3,200）	諸負債　1,600
	資本金　100 利益剰余金　1,300

別表五(一)Ⅰ．合併直前の被合併法人の利益積立金額の計算に関する明細書

区　分	期首現在 利益積立金額	当期の増減		差引翌期首現在 利益積立金額
		減	増	
	①	②	④	⑤
修繕費否認	200			
繰越損益金	1,300			
未納法人税等	△150			
差引合計額	1,350			

別表五(一)Ⅱ．合併直前の被合併法人の資本金等の額の計算に関する明細書

区　分	期首現在 資本金等の額	当期の増減		差引翌期首現在 資本金等の額
		減	増	
	①	②	④	⑤
資　本　金	100			
差引合計額	100			

(1)　適格合併の被合併法人の取扱い

①　会計処理

吸収合併により消滅する会社は、合併期日の前日に決算を行い、資産及び負債の適正な帳簿価額を算定します（適用指針242・246・250）。

（合併により消滅する際の仕訳）

借方	金額		貸方	金額
諸負債	1,600		諸資産	3,000
資本金	100	A		
利益剰余金	1,300	B		

②　税務処理

適格合併によりその有する資産及び負債の移転をしたときは、最後事業年度終了時の帳簿価額による引継ぎをしたものとして譲渡損益は計上しません（法法62の２①）。

（税務仕訳[4]）

借方	金額	貸方	金額
諸負債	1,750	諸資産	3,200
資本金等の額	100		
利益積立金額	1,350		

諸負債1,750千円は、貸借対照表上の諸負債1,600千円に合併法人に引き継ぐ法人税等を加算した金額です（法令123②③）。

資本金等の額と利益積立金額の減少に関して具体的に規定した法令はありませんが、最後事業年度終了時の全額が減少するものと考えます。

4　平成22年改正前までは、非適格合併と同様に、被合併法人が合併法人より新株等を取得し、直ちにこれを株主等に交付したものとされていました。無対価で適格合併が行われた場合、株主等へ交付する株式が無いことなどからこの取扱いはなくなったため、非適格合併とは相違する形で税務仕訳を表現しています。

③　税務調整

借方		貸方	
利益積立金額	200 C	諸資産	200
諸負債	150	利益積立金額	150 D

別表五(一)Ⅰ．合併直前の被合併法人の利益積立金額の計算に関する明細書

区分	期首現在利益積立金額	当期の増減		差引翌期首現在利益積立金額
		減	増	
	①	②	③	④
修繕費否認	200	C 200		
繰越損益金	1,300	B 1,300		
未納法人税等	△150	D △150		
差引合計額	1,350	1,350		0

別表五(一)Ⅱ．合併直前の被合併法人の資本金等の額の計算に関する明細書

区分	期首現在資本金等の額	当期の増減		差引翌期首現在資本金等の額
		減	増	
	①	②	③	④
資本金	100	A 100		
差引合計額	100	100		0

(2)　適格合併の合併法人の取扱い

①　会計処理

共通支配下の取引により移転する資産及び負債は、原則として移転直前に付された適正な帳簿価額により計上します（企業結合に関する会計基準41・適用指針247）。

純資産の部は、合併契約の定めに従い資本金、資本準備金又はその他資本剰余金に任意に配分する方法（会計規35）と、被合併法人の株主資本の内訳をそのまま引き継ぐ方法（会計規36）とがあります。本事例では、前者によった場合で、全額をその他資本剰余金とした場合を前提に説明します。

（会計仕訳）

諸資産	3,000	諸負債	1,600
		その他資本剰余金	1,400 A

② **税務処理**

適格合併により被合併法人から資産及び負債の移転を受けた場合には、その移転を受けた資産及び負債は、帳簿価額による引継ぎを受けたものとされます（法法62の２④、法令123の３③）。適格合併により増加する資本金等の額は、被合併法人の最後事業年度終了時の資本金等の額に相当する金額とします（法令８①五）。なお、資本金等の額のうち資本金の額については、会社法その他の法令の規定により決定します。

適格合併により増加する利益積立金額は、次の算式により計算した金額です（法令９①二）。被合併法人の最後事業年度終了時の利益積立金額をそのまま引き継ぐこととなります。

> 被合併法人から移転を受けた資産の帳簿価額－（被合併法人から移転を受けた負債の帳簿価額＋増加する資本金等の額＋抱合株式の帳簿価額）

（税務仕訳）

諸資産	3,200	諸負債	1,750
		資本金等の額	100
		利益積立金額	1,350

③ **税務調整**

資産及び負債の会計上簿価と税務上簿価の修正を行い、会計処理により増えすぎた資本金等の額を利益積立金額に振り替えます。

諸資産（修繕費費否認）	200	／　利益積立金額	200 B
利益積立金額	150 C	／　諸負債（未納法人税等）	150
資本金等の額	1,300 D	／　利益積立金額	1,300 E

別表五(一)Ⅰ．利益積立金額の計算に関する明細書　（単位：千円）

区分	期首現在利益積立金額	当期の増減		差引翌期首現在利益積立金額
		減	増	
	①	②	③	④
修繕費否認			B ※200	
資本金等の額			E ※1,300	
繰越損益金				
未納法人税等			C ※△150	
差引合計額			1,350	

【税務上の仕訳と一致】

別表五(一)Ⅱ．資本金等の額の計算に関する明細書　（単位：千円）

区分	期首現在資本金等の額	当期の増減		差引翌期首現在資本金等の額
		減	増	
	①	②	③	④
資本金				
その他資本剰余金			A ※1,400	
利益積立金額			D ※△1,300	
差引合計額			100	

【税務上の仕訳と一致】

(3)　適格合併の被合併法人の株主の取扱い

①　みなし配当

適格合併の場合、被合併法人の利益積立金額はすべて合併法人に引き継がれ、被合併法人の株主にみなし配当が生じることはありません。

②　株式の譲渡損益

(イ)　譲渡損益が生じない場合（金銭等の交付がない場合）

金銭等の交付がない合併（金銭等不交付合併）により新株等の交付を受けた場合における旧株の譲渡損益の計算は、譲渡対価の額を旧株の譲渡直前の帳簿価額とする（譲渡対価の額と譲渡原価の額を同額として扱う）ことにより、譲渡損益は生じません（法法61の２②・措法37の10③一かっこ書）。

取得する新株等の取得価額は、旧株の合併の直前の帳簿価額に相当する金額となります（法令119①五・所令112①）。

（税務仕訳）

旧株の譲渡直前の簿価は90千円、時価は1,400千円とする。みなし配当は生じない。

譲渡原価	90	／	被合併法人株式	90
合併法人株式	90	／	譲渡対価	90

(ロ)　譲渡損益が生じる場合

合併により新株の交付にあわせて金銭等の交付を受けた場合には、旧株を時価で譲渡したものとして譲渡損益を計上します。（法法61の２①一・措法37の10③一・措通37の10-１）。

取得する合併法人株式の取得価額は、その時の価額となります（法令119①二十七・所令109①六）。

適格要件を満たす合併では、金銭等不交付要件があるため、通常は株主に金銭等の交付が行われることはありません。しかし、次の金銭等の交付については、適格要件を判定する際の金銭等不交付要件の満たす（法法２十二の八、法基通１-４-２）こととされています。これらの金銭等の交付があった場合には、適格要件は満たす一方で、株主側での株式の譲渡損益は計上することとなります。

・１株未満の端数相当の金銭
・剰余金の配当としての金銭
・反対株主買取請求に基づく対価としての金銭

・合併法人が被合併法人の発行済株式総数の３分の２以上を保有する場合に、他の株主に交付される金銭

（税務仕訳）

旧株の譲渡直前の簿価は90千円、時価は1,400千円とし、交付を受ける新株の価額は1,380千円、交付を受ける金銭の額は20千円とする。みなし配当は生じない。

借方	金額	貸方	金額
譲渡原価	90	被合併法人株式	90
合併法人株式	1,380	譲渡対価	1,400
現金	20		

なるほど！プラス：合併法人が被合併法人の株式を有している場合

組織再編行為は同一の企業グループの中で行われることが多く、特に、中小企業の組織再編成はその傾向が強いものと思われます。そのため、合併に先立ち、合併法人が被合併法人株式を既に所有していることも多く、親会社が子会社を吸収合併するケースはその典型例です。

合併法人が合併の直前において有していた被合併法人の株式を抱合株式といい（法法24②）、合併によりこの株式は消滅します。

会計上は、同一の株主の傘下にある兄弟会社が合併をする際には、抱合株式の帳簿価額はその他資本剰余金の額から控除し（適用指針247(3)）、親会社が子会社を吸収合併する時に有していた子会社株式（抱合株式）に係る消滅差損益は、特別損益に計上します（適用指針206(2)）。

税務上は、適格合併又は非適格合併のどちらの場合でも、抱合株式の帳簿価額は、資本金等の額のマイナスの要素として取り扱われ（法令８①五）、譲渡損益が計上されることはありません（法法61の２②③）。

なお、合併法人が有する抱合株式については、他の株主に対して行われるような合併対価の割当ては実際には行われません（会法749①三かっこ書）が、非適格合併の場合には、他の株主と同一の基準（法令23⑤）により合併対価の割当てが行われたものとみなして（法法24②）、みなし配当の規定を適用します。

【事例】

合併直前の被合併法人（子会社）の貸借対照表

借方	貸方
諸資産　1,000	諸負債　0
	資本金等の額　100 利益積立金額　900

合併法人（親会社）は、被合併法人株式（子会社株式）の80％を所有しており、その帳簿価額は80である。

①　会計上の合併受入仕訳

(イ)　親会社持分

借方	金額	貸方	金額
諸資産	800	諸負債	0
		子会社株式	80
		抱合株式消滅益	720

(ロ)　被支配株主持分

借方	金額	貸方	金額
諸資産	200	諸負債	0
		払込資本	200

②　税務上の受入仕訳（適格合併とする。）

借方	金額	貸方	金額
諸資産	1,000	諸負債	0
		資本金等の額	100
		利益積立金額	900
資本金等の額	80	子会社株式	80

Ⅲ　会社分割（分割型分割と分社型分割の共通事項）

1　会社分割とは

(1)　吸収分割と新設分割

会社分割とは、１つの会社を２つ以上の会社に分けることをいいます。会社分割には、分割する会社がその事業に関して有する権利義務を既存の会社に承継させる吸収分割と、分割する会社がその事業に関して有する権利義務を新しく会社を設立して新会社に承継させる新設分割とがあります。

(2)　分割型分割と分社型分割

会社分割には、会社分割の対価となる株式等が分割元の会社の株主に交付される分割型分割（人的分割）と、分割元の会社に交付される分社型分割（物的分割）とがあります。

旧商法時代には、金銭以外の現物配当は行えないと解されていたところ、会社法では現物配当が認められた（会法454④）ため、分割型分割は、分割法人が分社型分割を行って得た分割対価資産を直ちに株主へ現物配当するものとして整理がされました。

分割型分割

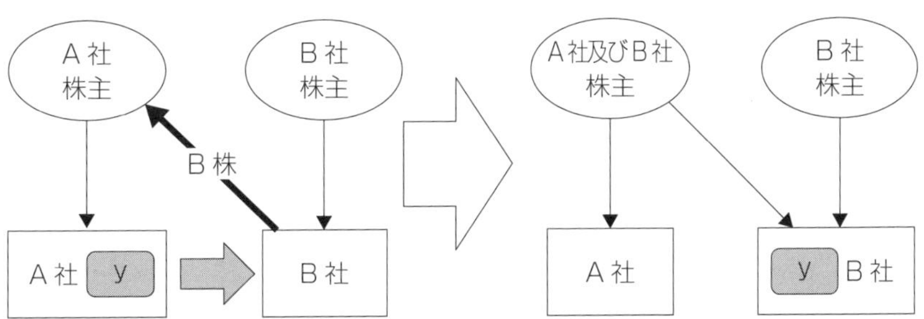

分社型分割

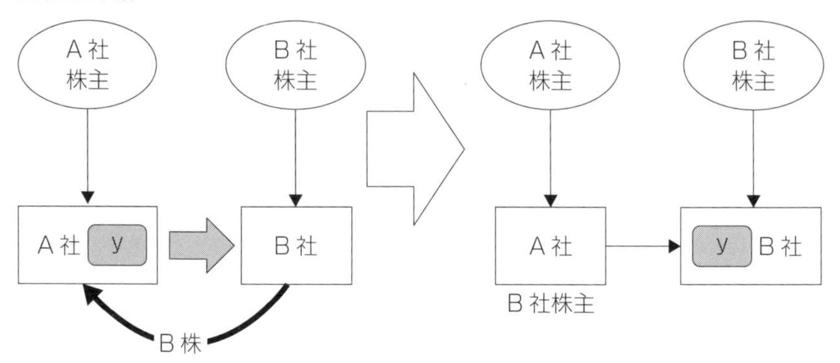

2 法務手続きの概要

会社分割の手続きは、合併の手続きと類似するため、合併の手続きを参照してください。なお、合併の場合と異なり、労働者の保護に関する手続きと詐害的会社分割に係る債務の履行請求につて、次の(1)と(2)のとおり、会社分割特有の取扱いがあります。

(1) 労働者保護手続き

会社分割が行われると、労働契約も分割契約の定めに従って、個々の労働者の承諾なしに分割先の会社に承継されます。このことは、労働者の重大な利害に関わることから、会社分割では、労働者の利益を保護する目的で、「会社分割に伴う労働契約の承継等に関する法律（労働契約承継法）」の規定により、一定の手続きが必要となります。なお、合併の場合、すべての労働者との雇用契約が合併会社に引き継がれるため、会社分割のような労働者保護手続きは不要です。

① 労働者との協議

会社分割をする会社は、通知期限日までに、労働者と協議をしなければなりません。

協議の義務が定められているのは、労働契約の承継のいかんが労働者の地位に重大な変更をもたらし得るものであることから、分割会社が分割計画書を作成して個々の労働者の労働契約の承継について決定するに先立ち、承継される営業に従事する個々の労働者との間で協議を行わせ、その労働者の希望等も踏まえつつ分割会社に承継の判断をさせることによって、労働者の保護を図ろうとする趣旨からです。

②　労働者への通知

会社分割をするときは、株主総会の日の２週間前の日の前日までに、一定の事項を書面により通知しなければなりません（労働契約承継法２）。

③　労働者の異議申出

分割会社は、通知がされた日と異議申出期限日との間に少なくとも十三日間を置かなければなりません（労働契約承継法４②）。

(2)　詐害的会社分割に係る承継会社に対する債務の履行の請求

分割元の会社が、分割先の会社に承継されない債務の債権者を害することを知って会社分割をした場合には、その債権者は分割先の会社に対して、承継した財産の価額を限度として債務の履行を請求することができます（会法759②③）。

通常、承継先の会社に承継されない債権の債権者に対しては債権者保護手続きを行う必要はありませんが、残存債権者を害する目的で債務返済の原資となる資産や事業が移転する会社分割が行われないようにしています。

3　税制適格要件

会社分割における税制適格要件は、考え方は合併の場合と同様です。

株式が交付される分割型分割の場合には、次の表の他に、分割承継法人株式又は分割承継親法人株式のいずれか一方の株式が、分割法人の発行済株式の総数のうちに占めるその分割法人の各株主を有するその分割法人株式の数の割合に応じて交付される必要があります（按分型要件）（法法２十二の十一）。

要　件		企業グループ内の組織再編		共同事業を営む場合	事業を独立して行う場合
		完全支配関係（100％）がある場合	支配関係（50％超）がある場合		
(1)	金銭等不交付要件	要	要	要	要
(2)	（完全）支配関係継続要件	要	要	—	—
(3)	独立事業単位要件	—	要	要	要
(4)	事業継続要件	—	要	要	要
(5)	事業関連性要件	—	—	要	—
(6)	事業規模等要件	—	—	要	要※
(7)	株式継続保有要件	—	—	要	—
(8)	非支配要件	—	—	—	要

※　経営参画要件に限る

(1)　金銭等不交付要件（法法２十二の十一）

分割対価資産として分割承継法人株式又は分割承継親法人株式のいずれか一の株式以外の資産の交付がないこと。

ただし、次のものを交付された場合においては、この金銭等不交付要件は満たすものとされています。

・１株未満の端数相当の金銭

・剰余金の配当としての金銭（分割対価資産を除く）

・反対株主買取請求に基づく対価としての金銭

(2)　（完全）支配関係継続要件

次に掲げるいずれかの関係があることをいいます。

完全支配関係継続要件（100％）の場合 （法法２十二の十一イ・法令４の３⑥）	支配関係継続要件（50％超）の場合 （法法２十二の十一ロ、法令４の３⑦）
当事者間の完全支配関係	当事者間の支配関係
同一の者による完全支配関係	同一の者による支配関係

(3)　独立事業単位要件

独立事業単位要件は、①主要資産負債引継要件と②従業者引継要件の二つからなります。

①　主要資産負債引継要件（法法２十二の十一ロ(1)）

分割により分割事業に係る主要な資産及び負債が分割承継法人に移転していること。

②　従業者引継要件（法法２十二の十一ロ(2)）

分割の直前の分割事業に係る従業者のうち、その総数のおおむね80％以上に相当する数の者が分割後に分割承継法人の業務に従事することが見込まれていること。

(4)　事業継続要件（法法２十二の十一ロ(3)）

分割事業が分割後に分割承継法人において引き続き行われることが見込まれていること。

(5)　事業関連性要件（法令４の３⑧一）

分割法人の分割事業と分割承継法人の分割承継事業が相互に関連するものであること。

(6)　事業規模等要件（法令４の３⑧二）

次の①事業規模要件又は②経営参画要件のいずれかを満たすこと。

①　事業規模要件

分割法人の分割事業と分割承継法人の分割承継事業のそれぞれの売上金額、分割事業と分割承継法人のそれぞれの従業者の数若しくはこれらに準ずるものの規模の割合がおおむね５倍を超えないこと。

②　経営参画要件

分割前の分割法人の役員等のいずれかと分割承継法人の特定役員のいずれかとが分割後に分割承継法人の特定役員となることが見込まれていること。

(7)　株式継続保有要件

①　分割型分割の場合（法令４の３⑧六イ）

分割型分割により交付される分割承継法人株式又は分割承継親法人株式のうちいずれか一の株式（議決権のないものを除く）であって支配株主に交付されるものの全部が支配株主に継続して保有されることが見込まれていること。

なお、分割の直前に分割法人のすべてについて他の者との間に当該他の者による支配関係がない場合には、株式継続保有要件は課されない。

②　分社型分割の場合

分社型分割により交付される分割承継法人株式又は分割承継親法人株式のうちいずれか一の株式の全部が分割法人により継続して保有されることが見込まれていること。

(8)　非支配要件（法令４の３⑨一）

分割の直前に分割法人と他の者との間に当該他の者による支配関係がなく、かつ、分割後に分割承継法人と他の者との間に当該他の者による支配関係があることとなることが見込まれていないこと。

Ⅳ 分割型分割

1 分割型分割とは

分割型分割（人的分割）は、会社分割の対価となる株式等が分割会社の株主に交付される会社分割です。

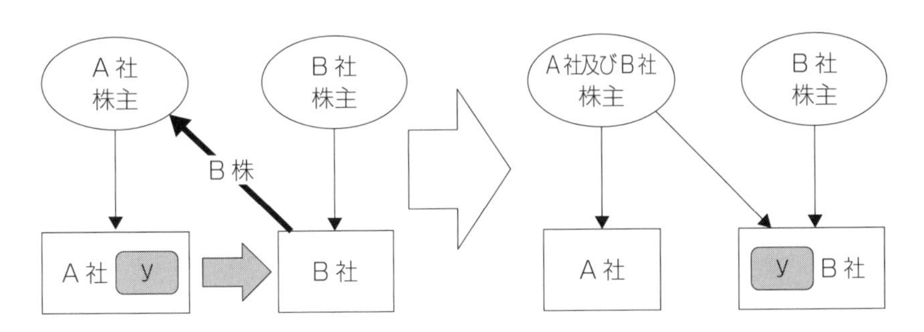

2 非適格分割型分割

【前提】　（単位：千円）

分割法人と分割承継法人は、同一の株主グループに支配されている兄弟会社とします。また、税制適格要件は満たさないものとする。

分割直前の分割法人の貸借対照表　（単位：千円）

<table>
<tr><td rowspan="2">諸資産　5,500
（うち移転資産の簿価　550・時価　590）</td><td>諸負債　700
（うち移転負債　70）</td></tr>
<tr><td>資本金　1,500
利益剰余金　3,300</td></tr>
</table>

移転する事業の価額は520千円（＝590千円－70千円）とし、分割承継法人が分割法人の株主に交付する分割対価の価額は520千円とします。

(1)　非適格分割型分割の分割法人の取扱い

①　会計処理

分割型の会社分割は、「分社型分割の会計処理」と「現物配当の会計処理」の二つの取引と考えます。変動させる株主資本の内訳は、取締役会等で定めます（適用指針233・255）。ここでは、利益剰余金を減少させるものとします。

（会計仕訳）

（分社型分割の会計処理）

借方	金額	貸方	金額
移転負債	70	移転資産	550
分割承継法人株式等	480		

（現物配当の会計処理）

借方	金額	貸方	金額
利益剰余金	480 A	分割承継法人株式等	480

②　税務処理

分割により分割承継法人に資産又は負債の移転をしたときは、分割承継法人に移転した資産及び負債は、分割時の価格により譲渡したものとして譲渡損益を計上します[5]。この場合、分割承継法人株式等をその時の価額により取得し、直ちにこれを株主等に交付したものとして扱います（法法62）。

次の算式により計算した金額を資本金等の額の減少額とします（法令8①十五）。

分割型分割の直前の資本金等の額×移転純資産割合(注)

（注）移転純資産割合

適格分割型分割により移転する純資産の割合として下記の算式で計算したものをいい、小数点以下3位未満の端数は切上げます（法令8①十五・23①二）。

5　グループ法人税制の適用を受ける場合には、譲渡損益の計上は繰り延べられます。

$$\frac{\text{分割型分割の直前の移転資産の帳簿価額}-\text{移転負債の帳簿価額}}{\text{分割型分割の日の属する事業年度の前事業年度終了時の資産の帳簿価額}-\text{負債の帳簿価額}^{※}}$$

※　分割型分割直前時までの資本金等の額又は利益積立金額の増減を反映します。

次の算式により計算した金額を、利益積立金額の減少額とします（法令9①九）。

交付金銭その他の資産の価額の合計額－資本金等の額の減少額

（税務仕訳）

ⅰ　譲渡損益の計上

借方	金額	貸方	金額
移転負債	70	移転資産	550
分割承継法人株式等	520	移転譲渡益	40

ⅱ　新株の交付

借方	金額	貸方	金額
資本金等の額※	150	分割承継法人株式等	520
利益積立金額	370		

※　1,500×移転純資産割合〔（550－70）÷（5,500－700）〕

③　**税務調整**

借方	金額		貸方	金額	
資本金等の額	150	C	移転譲渡益	40	B
			利益積立金額	110	D

別表四　　(単位：千円)

区　分		総　額	処　分	
			留　保	社外流出
当期利益又は当期損失の額			△480	480
加算	分割移転譲渡利益[6]	40	B 40	
減算				

別表五㈠Ⅰ．利益積立金額の計算に関する明細書　　(単位：千円)

区　分	期首現在利益積立金額	当期の増減		差引翌期首現在利益積立金額
		減	増	
利益準備金	①	②	③	④
資本金等の額（移転資産）		※40	B 40	（注）0
資本金等の額			D ※110	110
繰越損益金	3,300		A △480	2,820
差引合計額	3,300	40	△330	2,930

【税務上の仕訳と一致（△330－40＝△370）】

（注）移転資産に係る40のズレは分割承継法人の別表五㈠に引き継がれます。

6　平成22年改正前までは別表四では社外流出として処理することとされていましたが、同年の改正で分割型分割のみなし事業年度が廃止されたことにより、移転資産等の譲渡利益額又は譲渡損失額は社内留保として処理されることとになりました（別表四の社外流出としての調整欄が削除されました）。これに伴い、みなし配当金額を留保項目として減算調整をし、同額を加算調整（社外流出）する方法もあります（『会社分割実務必携（第2版）』朝長英樹（編著）（法令出版，2021）277頁）。別表五㈠と別表四との連携の観点からは、この方法が好ましいと考えますが、本書では、移転資産に係る留保項目は組織再編行為で分割承継法人に引き継がれるものとして、別表四と別表五㈠が繋がらない項目として別表五㈠に※印をつける方法をとりました。実務的には、別表四での譲渡損益の加減算は社外流出項目として処理する方法（『組織再編・資本等取引をめぐる税務の基礎（第4版）』牧口晴一・齋藤孝一（中央経済社，2020）251頁）でも差し支えないものと考えます。

別表五㈠Ⅱ．資本金等の額の計算に関する明細書　　　（単位：千円）

区　分	期首現在資本金等の額	当期の増減		差引翌期首現在資本金等の額
		減	増	
	①	②	③	④
資　本　金	1,500			1,500
利益積立金額			C ※△150	△150
差引合計額	1,500		△150	1,350

【税務上の仕訳と一致】

⑵　非適格分割型分割の分割承継法人の取扱い

①　会計処理

取得した資産及び負債には、分割法人の分割直前の適正な帳簿価額を付します（適用指針234⑴・256）。

純資産の部は、分割契約の定めに従い資本金、資本準備金又はその他資本剰余金に任意に配分する方法（会計規37）と、分割法人の株主資本の内訳をそのまま引き継ぐ方法（会計規38）とがあります。本事例では、前者によった場合で、増加する純資産の部は資本剰余金とします（適用指針227⑵・234⑵）。

（会計仕訳）

移転資産	550	移転負債	70
		資本剰余金	480 A

②　税務処理

分割法人から移転を受けた資産及び負債の取得価額はその時の価額とします（法令32①三・他）。

分割型分割により株主等に交付した分割承継法人株式その他の資産の価額の合計額を資本金等の額の増加額とします（法令８①六）。

非適格分割型分割では、分割承継法人の利益積立金額は増加しません。

（税務仕訳）

移転資産・時価	590	移転負債	70
		資本金等の額	520

③　**税務調整**

移転資産	40	利益積立金額	40 B
利益積立金額	40 C	資本金等の額	40 D

別表五(一)Ⅰ．利益積立金額の計算に関する明細書　（単位：千円）

区分	期首現在利益積立金額	当期の増減		差引翌期首現在利益積立金額
		減	増	
	①	②	③	④
利益準備金				
移転資産			B ※40	
利益積立金額			C ※△40	
繰越損益金				
差引合計額			0	

【税務上の仕訳と一致】

別表五(一)Ⅱ．資本金等の額の計算に関する明細書　（単位：千円）

区分	期首現在資本金等の額	当期の増減		差引翌期首現在資本金等の額
		減	増	
	①	②	③	④
資本金				
その他資本剰余金			A ※48	
利益積立金額			D ※4	
差引合計額			52	

【税務上の仕訳と一致】

⑶　非適格分割型分割の分割法人株主の取扱い

①　みなし配当

非適格分割型分割に係る分割法人の株主が交付を受けた株式等の価額の合計額が、分割承継法人の資本金等の額のうち交付の基因となった株式等に対応する部分の金額として次の算式で計算した金額を超えるときは、その超える部分の金額はみなし配当として扱います（法法24①二・所法25①二）。

㋑　分割法人の分割型分割直前の資本金額等×移転純資産割合
㋺　㋑× 分割法人の株主が分割直前に有していた分割法人株式数 / 分割直前の分割法人の発行済み株式総数

②　譲渡損益

⑴　譲渡損益が生じない場合（金銭等の交付がない場合）

金銭等の交付がない分割型分割（金銭等不交付分割型分割）により新株等の交付を受けた場合には、譲渡対価の額を旧株の譲渡直前の帳簿価額と同額として扱うことにより、譲渡損益を計上しません（法法61の２④・措法37の10③二）。譲渡原価に相当する部分は、分割型分割直前の分割法人株式の帳簿価額に移転純資産割合（214頁参照）を乗じて算出します（法令119の８・法令23①二・所令113③・所令61②二）。

取得する新株の取得価額は、分割法人株式の分割純資産対応帳簿価額（分割型分割直前の所有株式の帳簿価額×移転純資産割合）に相当する金額（みなし配当金額がある場合にはその金額を加算した金額）となります（法令119①六・所令113①・所令61②二）。

（税務仕訳）

旧株の分割純資産対応帳簿価額は75千円、時価は260千円とし、みなし配当の金額は185千円とする。

借方		貸方	
譲渡原価	75	分割法人株式	75
分割承継法人株式	75	譲渡対価	75
分割承継法人株式	185	みなし配当	185

通常、みなし配当が生じる非適格分割型分割では、そのみなし配当に係る源泉所得税の徴収のために新株の交付に合わせて金銭の交付をすることが多いものと考えられ、非適格分割型分割の際に金銭等不交付分割型分割に該当するケースは少ないものと思われます。なお上記税務仕訳ではみなし配当に係る源泉徴収の計算は省略しています。

㈺　譲渡損益が生じる場合

分割型分割により分割承継法人株式等の交付にあわせて金銭等の交付を受けた場合には、分割法人株式を時価で譲渡したものとして譲渡損益を計上します。この場合の譲渡原価の額は、その所有株式の分割純資産対応帳簿価額（分割型分割直前の所有株式の帳簿価額×移転純資産割合）とされ、譲渡対価の額からは、みなし配当の金額が控除されます（法法61の２①一・④・法令119の８・措法37の10③二・措基通37の10-２）。

取得する分割承継法人株式等の取得価額は、その時の価額となります（法令119①二十七・所令109①六）。

（税務仕訳）

旧株の譲渡直前の簿価は75千円、時価は260千円とし、みなし配当の金額は185千円とする。

借方		貸方	
譲渡原価	75	分割法人株式	75
分割承継法人株式・現預金	260	譲渡対価	75
		みなし配当	185

3　適格分割型分割

【前提】　(単位：千円)

分割法人と分割承継法人は、同一の株主グループに支配されている兄弟会社とする。税制適格要件を満たすものとする。

分割直前の分割法人の貸借対照表　(単位：千円)

諸資産税務上簿価　11,000 うち移転資産 会計上簿価　1,080 税務上簿価　1,100 移転資産時価　1,180	諸負債　1,400 (うち移転負債　140) 資本金　3,000 利益剰余金　6,600

移転する事業の価額は1,040千円（=1,180千円－140千円）とし、分割承継法人は分割法人の株主に分割法人株式（時価1,040千円）を交付する。

別表五(一)Ⅰ．分割直前の分割法人の利益積立金額の計算に関する明細書

(単位：千円)

区　分	期首現在利益積立金額	当期の増減		差引翌期首現在利益積立金額
		減	増	
	①	②	③	④
利益準備金				
修繕費否認	20			
繰越損益金	6,580			
差引合計額	6,600			

(1)　適格分割型分割の分割法人の取扱い

①　会計処理

分割型の会社分割は、「分社型分割の会計処理」と「現物配当の会計処理」の二つの取引と考えます。変動させる株主資本の内訳は、取締役会等で定めます（適用指針233・255)。ここでは、利益剰余金を減少させるものとします。

（分社型分割の会計処理）

移　転　負　債	140	／	移　転　資　産	1,080
分割承継法人株式	940			

（現物配当の会計処理）

利　益　剰　余　金	940 A	／	分割承継法人株式	940

② **税務処理**

適格分割型分割により分割承継法人にその有する資産又は負債の移転をしたときは、分割承継法人に移転をした資産及び負債の適格分割型分割の直前の帳簿価額による引継ぎをしたものして、譲渡損益は計上しません（法法62の2②)。

次の算式により計算した金額が、資本金等の額の減少額となります（法令8①十五)。

> 分割型分割直前の資本金等の額×移転純資産割合(注)

（注）移転純資産割合については212頁参照

次の算式により計算した金額が、利益積立金額の減少額となります（法令9①十)。

> 分割承継法人に移転した資産の帳簿価額－分割承継法人に移転した負債の帳簿価額－（分割型分割の直前の資本金等の額×移転純資産割合）

（税務仕訳）

移　転　負　債	140	／	移　転　資　産	1,100
資本金等の額※	300			
利益積立金額	660			

※3,000×移転純資産割合〔(1,100－140）÷（11,000－1,400)〕

③　**税務調整**

借方		貸方	
利益積立金額	20 B	移転資産	20
資本金等の額	300 C	利益積立金額	300 D

別表五㈠Ⅰ．利益積立金額の計算に関する明細書　（単位：千円）

区分	期首現在利益積立金額	当期の増減		差引翌期首現在利益積立金額
		減	増	
	①	②	③	④
利益準備金				
修繕費否認	20	B　※20		0
資本金等の額		D　※△300		
繰越損益金	6,580	A　※940		
差引合計額	6,600	660		

【税務上の仕訳と一致】

別表五㈠Ⅱ．資本金等の額の計算に関する明細書　（単位：千円）

区分	期首現在資本金等の額	当期の増減		差引翌期首現在資本金等の額
		減	増	
	①	②	③	④
資本金	3,000			
利益積立金額		C　※300		
差引合計額	3,000	300		

【税務上の仕訳と一致】

⑵　適格分割型分割の分割承継法人の取扱い

①　**会計処理**

取得した資産及び負債には、分割法人の分割直前の適正な帳簿価額を付します（適用指針234⑴・256）。

純資産の部は、分割契約の定めに従い資本金、資本準備金又はその他資本剰余金に任意に配分する方法（会計規37）と、分割法人の株主資本の内訳をそのまま引き継ぐ方法（会計規38）とがあります。本事例では、前者によった場合で、増加する純資産の部は資本剰余金とします（適用指針227(2)・234(2)）。

（会計仕訳）

借方		貸方	
移転資産	1,080	移転負債	140
		その他資本剰余金	940 A

② **税務処理**

適格分割型分割により分割法人から資産又は負債の移転を受けた場合には、その移転を受けた資産及び負債は、帳簿価額による引継ぎを受けたものとされます（法法62の2④、法令123の3③）。

分割型分割により増加する資本金等の額は、分割法人における分割型分割により減少する資本金等の額（分割型分割の直前の資本金等の額×移転純資産割合）に相当する金額とします（法令8①六）。

適格分割型分割により増加する利益積立金額は、次の算式により計算した金額です（法令9①三）。

> 分割法人から移転を受けた資産の帳簿価額－（分割法人から移転を受けた負債の帳簿価額+増加した資本金等の額）

（税務仕訳）

借方		貸方	
移転資産	1,100	移転負債	140
		資本金等の額	300
		利益積立金額	660

③ **税務調整**

借方		貸方	
移転資産	20	利益積立金額	20 B
資本金等の額	640 C	利益積立金額	640 D

別表五㈠Ⅰ．利益積立金額の計算に関する明細書　（単位：千円）

区　分	期首現在利益積立金額	当期の増減		差引翌期首現在利益積立金額
		減	増	
	①	②	③	④
利益準備金				
修繕費否認			B ※20	
資本積立金額			D 640	
繰越損益金				
差引合計額			660	

【税務上の仕訳と一致】

別表五㈠Ⅱ．資本金等の額の計算に関する明細書　（単位：千円）

区　分	期首現在資本金等の額	当期の増減		差引翌期首現在資本金等の額
		減	増	
	①	②	③	④
資本金				
その他資本剰余金			A 940	
利益積立金額			C △640	
差引合計額			300	

【税務上の仕訳と一致】

⑶　適格分割型分割の分割法人の株主の取扱い

①　みなし配当

適格分割型の場合、分割法人の利益積立金額はすべて分割承継法人に引き継がれ、分割法人の株主にみなし配当が生じることはありません。

②　株式の譲渡損益

⑷　譲渡損益が生じない場合（金銭等の交付がない場合）

金銭等の交付がない分割型分割（金銭等不交付分割型分割）により新株等の交付を受けた場合には、譲渡対価の額を旧株の譲渡直前の帳簿価額と同額として扱うことにより、譲渡損益を計上しません（法法61の２④・措法37の10③二）。譲渡原価に相当する部分は、分割型分割直前の分割法人株式の帳簿価額に移転純資産割合（212頁参照）を乗じて算出します（法令119の８・法令23①　二・所令113③・所令61②二）。

取得する新株の取得価額は、分割法人株式の分割純資産対応帳簿価額（分割型分割直前の所有株式の帳簿価額×移転純資産割合）に相当する金額となります（法令119①六・所令113①・所令61②二）。

（税務仕訳）

分割法人株式の分割純資産対応帳簿価額150千円、交付を受けた分割承継法人株式の時価は520千円とする。みなし配当は生じない。

借方	金額	貸方	金額
譲渡原価	150	分割法人株式	150
分割承継法人株式	150	譲渡対価	150

㈡　譲渡損益が生じる場合

分割型分割により分割承継法人株式等の交付にあわせて金銭等の交付を受けた場合には、分割法人株式を時価で譲渡したものとして譲渡損益を計上します。この場合の譲渡原価の額は、その所有株式の分割純資産対応帳簿価額（分割型分割直前の所有株式の帳簿価額×移転純資産割合）とされ、譲渡対価の額からは、みなし配当の金額が控除されます（法法61の２①一④・法令119の８・措法37の10③二・措基通37の10-２）。

金銭等不交付要件が課されている適格分割型分割では、分割法人の株主が金銭等の交付を受けることは通常考えられないため、譲渡損益は基本的に計上されません。

V 分社型分割

1 分社型分割とは

分社型分割（物的分割）は、会社分割の対価となる株式等が分割会社に交付される会社分割です。

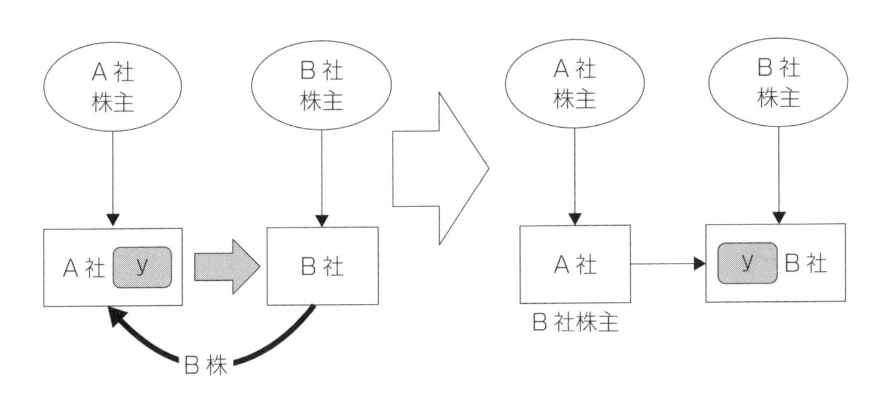

2 非適格分社型分割

【前提】　（単位：千円）

分割承継法人は分割法人の子会社とする。また、税制適格要件は満たさないものとする。

分割直前の分割法人の貸借対照表　（単位：千円）

借方	貸方
諸資産　13,000 （うち移転資産簿価　4,000・時価　4,100）	諸負債　0 （うち移転負債　0）
	資本金　1,000 利益剰余金　12,000

移転する事業の価額は4,100千円とし、分割承継法人が分割法人に交付する分割対価の価額は4,100千円とする。

(1) 非適格分社型分割の分割法人の取扱い

① 会計処理

分割法人は、移転事業に係る移転損益を認識せず、移転事業に係る株主資本相当額と受取った現金の差額を分割承継法人株式の取得価額とした（適用指針230(1)）。

（会計仕訳）

借方	金額	貸方	金額
分割承継法人株式等	3,950	移転資産	4,000
現預金[7]	50		

② 税務処理

分割により分割承継法人にその有する資産又は負債の移転をしたときは、分割承継法人に移転をした資産及び負債は、分割時の価額により譲渡したものとして譲渡損益を計上します[8]（法法62①）。

取得する分割承継法人株式等の取得価額は、分割の時の価額とします（法令119①二十七・所令109①六）。

（税務仕訳）

借方	金額	貸方	金額
分割承継法人株式等	4,050	移転資産	4,000
現預金	50	移転譲渡益	100

③ 税務調整

分割承継法人株式等　100 ／ 移転譲渡益　100

7　本事例は、非適格となることを前提とした設例であるため、金銭等不交付要件を満たさなくなるよう組織再編対価の一部に現金を入れて説明しています。
8　グループ法人税制の適用を受ける場合には、譲渡損益の計上は繰り延べられます。

別表四　　(単位：千円)

区　分		総　額	処　分	
			留　保	社外流出
当期利益又は当期損失の額				
加算	移転譲渡益	100	100	
減算				

別表五(一)Ⅰ．利益積立金額の計算に関する明細書　　(単位：千円)

区　分	期首現在利益積立金額	当期の増減		差引翌期首現在利益積立金額
		減	増	
	①	②	③	④
利益準備金				
分割承継法人株式			100	100

(2)　非適格分社型分割の分割承継法人の取扱い

①　会計処理

分割承継法人は受け入れた資産及び負債を適正な帳簿価額により計上します(適用指針231)。

純資産の部は、その他資本剰余金として処理するものとします。

(会計仕訳)

借方		貸方	
移転資産	4,050	その他資本剰余金	4,000 A
		現預金	50

②　税務処理

非適格分社型分割により分割法人から移転を受けた資産及び負債は、その時の価額により取得したものとします(法令32①三)。

分社型分割により、分割法人に交付した株式のその他の資産の価額の合計額から分割法人に交付した金銭等の価額を減算した金額を資本金等の額の増加額とします（法令8①七イ）。

分社型分割では、分割承継法人の利益積立金額は増減しません。

（税務仕訳）

移転資産	4,100	資本金等の額	4,050
		現預金	50

③　**税務調整**

移転資産	50	利益積立金額	50 B
利益積立金額	50 C	資本金等の額	50 D

別表五(一)Ⅰ．利益積立金額の計算に関する明細書　　（単位：千円）

区分	期首現在利益積立金額	当期の増減		差引翌期首現在利益積立金額
		減	増	
	①	②	③	④
利益準備金				
移転資産計上漏れ			B ※50	
資本金等の額			C ※△50	
繰越損益金				
差引合計額			0	

【税務上の仕訳と一致】

別表五(一)Ⅱ．資本金等の額の計算に関する明細書　　（単位：千円）

区分	期首現在資本金等の額	当期の増減		差引翌期首現在資本金等の額
		減	増	
	①	②	③	④
資本金				
資本剰余金			A ※4,000	
利益積立金額			D ※50	
差引合計額			4,050	

【税務上の仕訳と一致】

3 適格分社型分割

【前提】　　(単位：千円)

分割承継法人は分割法人の子会社とする。また、税制適格要件を満たすものとする。

分割直前の分割法人の貸借対照表　　(単位：千円)

借方	貸方
諸資産　10,000 (うち移転資産簿価　3,000・ 税務上簿価　3,250)	諸負債　1,000 (うち移転負債　300)
	資本金　1,000 利益剰余金　8,000

移転する事業の価額は2,700千円（＝3,000千円－300千円）とし、分割承継法人は分割法人に分割法人株式（時価2,700千円）を交付します。

別表五(一)Ⅰ．分割直前の分割法人の利益積立金額の計算に関する明細書

(単位：千円)

区　分	期首現在利益積立金額	当期の増減		差引翌期首現在利益積立金額
		減	増	
	①	②	③	④
利益準備金				
修繕費否認	250			
繰越損益金	8,000			
差引合計額				

(1) 適格分社型分割の分割法人の取扱い

① 会計処理

分割法人は、移転事業に係る移転損益を認識せず、移転事業に係る株主資本相当額を交付を受けた分割承継法人株式の取得価額とします（適用指針226)。

借方		貸方	
移転負債	300	移転資産	3,000
分割承継法人株式	2,700		

②　税務処理

適格分社型分割により分割承継法人にその有する資産又は負債の移転をしたときは、分割承継法人に移転した資産及び負債の適格分社型分割の直前の帳簿価額による譲渡をしたものとして、譲渡損益は計上しません（法法62の3①）。

分割承継法人株式等の取得価額は、適格分社型分割の直前の移転資産の帳簿価格から移転負債の帳簿価格を減算した金額となります（法令119①七）。

借方		貸方	
移転負債	300	移転資産	3,250
分割承継法人株式	2,950		

③　税務調整

借方		貸方	
利益積立金額	250 A	移転資産	250
分割承継法人株式	250	利益積立金額	250 B

別表五(一)Ⅰ．利益積立金額の計算に関する明細書　（単位：千円）

区　分	期首現在利益積立金額	当期の増減		差引翌期首現在利益積立金額
		減	増	
	①	②	③	④
利益準備金				
修繕費否認	250	A ※250		0
分割承継法人株式			B 250	250
繰越損益金	8,000			8,000
差引合計額	8,250	250	250	8,250

【税務上の仕訳と一致（250千円－250千円＝0】

⑵　適格分社型分割の分割承継法人の取扱い

①　会計処理

分割承継法人は受け入れた資産及び負債を適正な帳簿価額により計上し、移転事業に係る株主資本相当額は、資本金又は資本剰余金として処理します（適用指針227）。

（会計仕訳）

移転資産	3,000	移転負債	300
		その他資本剰余金	2,700 A

② **税務処理**

適格分社型分割により分割法人から資産又は負債の移転を受けた場合には、その移転を受けた資産及び負債の取得価額は、分割法人の分割直前の帳簿価額に相当する金額となります（法法62の3②、法令123の4）。

分割法人の分割直前の移転資産の帳簿価額から移転負債の帳簿価額を減算した金額を資本金等の額の増加額とします（法令8①七ニ）。

分社型分割では、分割承継法人の利益積立金額は増減しません。

（税務仕訳）

移転資産	3,250	移転負債	300
		資本金等の額	2,950

③ **税務調整**

移転資産	250	利益積立金額	250 B
利益積立金額	250 C	資本金等の額	250 D

別表五㈠Ⅰ．利益積立金額の計算に関する明細書　（単位：千円）

区分	期首現在利益積立金額	当期の増減		差引翌期首現在利益積立金額
		減	増	
	①	②	③	④
利益準備金				
修繕費否認			B ※250	
資本金等の額			※△250	C
繰越損益金				
差引合計額			0	

【税務上の仕訳と一致】

別表五㈠Ⅱ．資本金等の額の計算に関する明細書　（単位：千円）

区　分	期首現在資本金等の額	当期の増減		差引翌期首現在資本金等の額
		減	増	
	①	②	③	④
資　本　金				
その他資本剰余金			A ※2,700	
利益積立金額			※250	D
差引合計額			2,950	

【税務上の仕訳と一致】

Ⅵ 株式交換

1 株式交換とは

株式交換とは、ある会社（株式交換完全子会社）が、その発行済株式の全部を他の会社（株式交換完全親会社）に取得させること（会法２三十一）をいいます。

株式交換によって、法人間の完全親子関係が作られます。消滅する会社はなく、各当事会社の財産の変動も有りません。株主が変動するのみです。

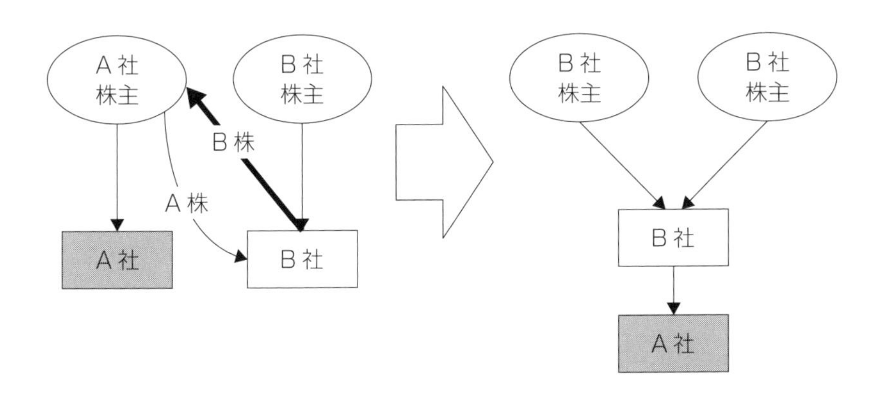

2 法務手続きの概要

株式交換の手続きは、合併の手続きに類似します。完全子会社となる会社の株主が、その有する株式を完全親会社となる会社に対して現物出資して新株の発行を受けるのと同じ効果がありますが、現物出資と同じ手続きを求めると検査役の調査（会法207）が必要となるため、合併と類似する手続きがとられています。また、各法人の財産の変動はないため、合併や分割と異なり、原則として債権者保護手続きは不要[9]です。

3 税制適格要件

株式交換における税制適格要件は、吸収合併における税制適格要件に類似します。株式交換に係る税制適格要件は、会社法上の株式交換（会２三十一）のほか、次に掲げる行為により最大株主等が完全子会社を作る行為も含めて株式交換等（法２十二の十六）と定義し、その上で税制適格要件を定めています（法２十二の十七）。ここでは、株式交換に限定して、税制適格要件について説明します。

・全部取得条項付種類株式に係る取得決議
・株式の併合
・株式売渡請求に係る承認

9　完全親会社が完全子会社の発行している新株予約権付社債を承継する場合には株式交換完全親会社の債務が増加するため、また、社債権者からすると債務者が変わることから債権者保護手続きが必要です（会法799①三、789①三）。対価の柔軟化により、株式交換の対価として完全親会社となる会社の株式等以外の資産（現金など）が交付される場合にも債権者保護手続きが必要です（会法799①三）。
　債権者保護手続きをとることにより、完全親会社となる会社の資本金及び資本準備金を増加させず、その他資本剰余金を計上することが可能ですが、これらの債権者保護手続きが必要となる事由に該当しないにもかかわらず、任意に債権者保護手続きをとることで資本金及び資本準備金の額を増加させずにその他資本剰余金を増加させることについて否定的な見解（「事例で学ぶ会社法実務」金子登志雄（中央経済社））がある点には注意が必要です。

要　件	企業グループ内の組織再編		共同事業を営む場合
	完全支配関係（100%）がある場合	支配関係（50%超）がある場合	
(1)　金銭等不交付要件	要	要	要
(2)　（完全）支配関係継続要件	要	要	—
(3)　従業者継続従事要件	—	要	要
(4)　事業継続要件	—	要	要
(5)　事業関連性要件	—	—	要
(6)　事業規模等要件	—	—	要
(7)　株式継続保有要件（注）	—	—	要
(8)　組織再編後完全支配関係継続要件			要

（注）株式交換の直前に株式交換完全子法人と他の者との間に当該他の者による支配関係がない場合には要件とされません。

(1)　金銭等不交付要件（法法２十二の十七）

株式交換完全子法人の株主に株式交換完全親法人株式又は株式交換完全支配親法人株式のうちいずれか一の株式以外の資産が交付されないこと。

ただし、次のものを交付された場合においては、この金銭等不交付要件は満たすものとされます。

・１株未満の端数相当の金銭

・剰余金の配当としての金銭

・反対株主買取請求に基づく対価としての金銭

・株式交換完全親法人が株式交換完全子法人の発行済株式の総数の３分の２以上を保有する場合における他の株主に交付される金銭

(2)　（完全）支配関係継続要件

次に掲げるいずれかの関係があることをいいます（法法２十二の十七イ・法令４の３⑱）。

完全支配関係継続要件（100％）の場合（法法２十二の十七イ・法令４の３⑱二）	支配関係継続要件（50％超）の場合（法法２十二の十七ロ、法令４の３⑲二）
当事者間の完全支配関係	当事者間の支配関係
同一の者による完全支配関係	同一の者による支配関係

⑶　従業者継続従事要件（法法２十二の十七ロ⑴・法令４の３⑳三）

株式交換等完全子法人の株式交換等の直前の従業者のうち、その総数のおおむね80％以上に相当する数の者が株式交換等完全子法人の業務に引き続き従事することが見込まれていること。

⑷　事業継続要件（法法２十二の十七ロ⑵・法令４の３⑳四）

株式交換等完全子法人の株式交換等前に行う主要な事業が株式交換等完全子法人において引き続き行われることが見込まれていること。

⑸　事業関連性要件（法令４の３⑳一）

株式交換完全子法人の子法人事業と株式交換完全親法人の親法人事業とが相互に関連するものであること。

⑹　事業規模等要件（法令４の３⑳二）

次の事業規模要件又は経営参画用件のいずれかを満たすことをいいます。

①　事業規模要件

株式交換完全子法人の子法人事業と株式交換完全親法人の親法人事業のそれぞれの売上金額、子法人事業と親法人事業のそれぞれの従業者の数若しくはこれらに準ずる者の規模その割合がおおむね５倍を超えないこと。

②　経営参画要件

株式交換前の株式交換完全子法人の特定役員の全てが株式交換に伴って退任をするものでないこと。

(7)　株式継続保有要件（法令4の3⑳五）

株式交換により交付される株式交換完全親法人株式又は株式交換完全支配親法人株式のうちいずれか一の株式であって支配株主に交付されるもの全部が支配株主により継続して保有されることが見込まれていること。

(8)　組織再編後完全支配関係継続要件（法令4の3⑳六）

株式交換後に株式交換完全親法人と株式交換完全子法人との間に株式交換完全親法人による完全支配関係が継続することが見込まれていること。

4　非適格株式交換

【前提】　（単位：千円）

株式交換完全親法人となる法人は、株式交換完全子会社が発行する株式の全て（時価総額12,400千円）を取得するのに際し、株式交換完全子会社の株主に対して新株（時価総額12,400千円）を交付する。税制適格要件は満たさないものとする。

株式交換直前の株式交換完全子法人の貸借対照表　（単位：千円）

借方	貸方
諸資産　13,000 （うち時価評価資産の含み益　2,000）	諸負債　2,600
	資本金　1,000 利益剰余金　9,400

(1)　非適格株式交換の株式交換完全子法人の取扱い

①　会計処理

株式交換完全子法人は、自社の株主構成に変更があるだけで、特別な会計処理はありません。

②　税務処理

自己を株式交換等完全子法人とする非適格株式交換等を行った場合には、その非適格株式交換等の直前の時において有する時価評価資産の評価益又は評価損は、非適格株式交換等の日の属する事業年度の益金の額又は損金の額に算入します[10]（法法62の9①）。時価評価資産とは、固定資産、土地等、有価証券、金銭債権及び繰延資産で法人税法施行令123条の11第1項に定めるもの以外のものをいいます。

（税務仕訳）

時価評価資産　2,000　／　非適格株式交換時価評価益　2,000

③　税務調整

時価評価資産　2,000　／　非適格株式交換時価評価益　2,000

別表四　（単位：千円）

区　分		総　額	処　分	
			留保	社外流出
当期利益又は当期損失の額				
加算	非適格株式交換時価評価益	2,000	2,000	
減算				

別表五㈠ I．利益積立金額の計算に関する明細書　（単位：千円）

区　分	期首現在利益積立金額	当期の増減		差引翌期首現在利益積立金額
		減	増	
	①	②	③	④
利益準備金				
時価評価資産			2,000	
繰越損益金				
差引合計額			2,000	

10　グループ法人税制の適用を受ける場合には、時価評価損益の計上は繰り延べられます。

(2)　非適格株式交換の株式交換完全親法人の取扱い

①　会計処理[11]

株式交換完全親会社が取得する株式交換完全子会社株式の取得価額は、取得の対価として交付する株式交換完全親法人株式の価額とします（適用指針110）。

本事例では、純資産の部は、その全額を資本準備金の額としたものとします（会計規39②・適用指針111）。

（会計仕訳）

株式交換完全子法人株式　12,400　／　資 本 準 備 金　12,400

②　税務処理

株式交換完全親法人は、株式交換完全法人株式をその時の価額により取得します（法令119①二十七・所令109①六）。

株式交換完全子法人株式の取得価額（付随費用の額を除きます。）を、資本金等の額の増加額とします（法令８①十）。

（税務仕訳）

株式交換完全子法人株式　12,400　／　資本金等の額　12,400

③　税務調整

なし

(3)　非適格株式交換の株式交換完全子法人の株主の取扱い

①　譲渡損益が生じない場合（金銭等の交付がない場合）

株式交換（金銭等不交付株式交換に限ります）により株式の交付を受けた場合における譲渡損益の計算については、その譲渡対価の額は、旧株の株式交換直前の帳簿価額に相当する金額とされ、譲渡損益は生じません[12]（法法61の２⑨・

11　税制適格要件を満たさない事例で「共通支配下の取引」となるケースは少ないと思われるため、「取得とされた株式交換」の会計処理によっています。

法令119①九)。

取得する株式交換完全親法人株式の取得価額は、旧株の株式交換の直前の帳簿価額に相当する金額となります(法令119①九)。

(税務仕訳)

譲渡原価	1,000	株式交換完全子法人株式	1,000
株式交換完全親法人株式	1,000	譲渡対価	1,000

② 譲渡損益が生じる場合

金銭等不交付株式交換以外の場合には、株式交換完全子法人株式を時価で譲渡したものとして譲渡損益が生じます(法法61の2①・措法37の10①)。取得する株式交換完全親法人株式その他の株式の取得価額は、その時の価額となります(法令119①二十七・所令109①六)。

(税務仕訳)

譲渡原価	1,000	株式交換完全子法人株式	1,000
株式交換完全親法人株式・現金	12,400	譲渡対価	12,400

12　個人株主については、譲渡がなかったものとみなす特例があります(所法57の4・所令167の7④)。

なるほど！プラス：株式交換完全子法人の株主の消費税

株式交換が行われると、株式交換完全子法人の株主は、その有する株式交換完全子法人株式を株式交換完全親法人に取得させ、その対価として株式交換完全親法人の株式その他の資産を受け取ることとなります。通常は、その対価は株式交換完全親法人の株式のみであるため、株主の側では所有する株式の銘柄が変わるのみで、株式の譲渡損益の計上もありません。また、みなし配当が生じることもありません。

一方、株式交換完全子法人株式を渡す行為は、消費税法上の資産の譲渡に該当し、消費税の課税の対象となります。国内において行われる資産の譲渡等のうち有価証券の譲渡は非課税とされる（消法６①、別表第２二）ため、多額の有価証券の譲渡となる場合には、課税売上割合が下がります。

課税売上割合の計算上、有価証券の譲渡についてはその譲渡対価の５％相当額を課税売上割合の計算の分母に算入することとなりますが、たまたま土地の譲渡があった場合の課税売上割合に準ずる割合の適用はできないとされています（国税庁消費税室「「95%ルール」の適用要件の見直しを踏まえた仕入税額控除の計算方法等に関するＱ＆Ａ〔Ⅰ〕【基本的な考え方編】（平成24年３月）」問31参照）。

5 適格株式交換

【前提】　　　　　　　　　　　　　　　　　　　　　　　　　　　　（単位：千円）

株式交換完全親法人となる法人は、株式交換完全子法人の発行済み株式の40％をグループ内の他の子会社から取得するのに際し、その対価として新株（時価400）を発行する。なお、残りの60％は、既に株式交換完全親法人が所有しているものとする。

株式交換直前の株式交換完全子法人の貸借対照表　　　　　　　　（単位：千円）

借方	貸方
諸　資　産　13,000	諸　負　債　3,000
	資　本　金　1,000
	利益剰余金　9,000

(1)　適格株式交換の株式交換完全子法人の取扱い

①　会計処理

株式交換完全子法人は、自社の株主構成に変更があるだけで、特別な会計処理はありません。

②　税務処理

自社の株主構成に変更があるだけで、特別な税務処理はありません。適格株式交換の場合、時価評価資産の評価益又は評価損を益金の額又は損金の額に算入する必要もありません。

③　税務調整

なし

⑵　適格株式交換の株式交換完全親法人の取扱い

①　会計処理

株式交換完全親法人が、株式交換完全子会社以外の子会社（中間子会社）から追加取得する株式交換完全子会社株式の取得価額は、株式交換完全子会社の株式交換直前の簿価純資産額に持分比率を乗じて算定します（適用指針236-４）。株式交換完全親法人の変動する株主資本等の総額は、株式交換完全子法人の財産の帳簿価額を基礎として算定します（会計規39①二）。ここでは、その全額を資本準備金とします（会計規39②）。

株式交換完全子法人株式　4,000　／　資　本　準　備　金　4,000　A

②　税務処理

株式交換完全親会社が株式交換等（金銭不交付株式交換に限ります。）により取得した株式交換完全子法人株式の取得価額は、次の区分に応じそれぞれに定める金額です（法令119①十）。

株式交換直前における株式交換完全子法人の株主の数が50人未満の場合	株式交換完全子法人の株主が有していた株式交換完全子法人株式の直前の帳簿価額に相当する金額の合計額
株式交換直前における株式交換完全子法人の株主の数が50人以上の場合	株式交換完全子法人の前期期末時の簿価純資産額に相当する金額

株式交換完全子法人株式の取得価額を、資本金等の額の増加額とします（法令８①十）。

株式交換完全子法人株式　400　／　資　本　金　等　の　額　400

本事例では、株式交換完全子法人となる法人は会社設立時の株主（１人）からの払込金額の総額1,000千円の全額を資本金の額にしていたものとし、株式交換完全親法人となる法人は、株式交換に先立ち既に取得していた60％を除いた残り40％の株式交換完全子法人株式を、株式交換により取得したものとしています。

③　税務調整

借方	金額	貸方	金額
利益積立金額	3,600 B	株式交換完全子法人株式	3,600
資本金等の額	3,600 C	利益積立金額	3,600 D

別表五(一)Ⅰ．利益積立金額の計算に関する明細書　(単位：千円)

区　分	期首現在 利益積立金額	当期の増減		差引翌期首現在 利益積立金額
		減	増	
	①	②	③	④
利益準備金				
子会社株式			B ※△3,600	
資本金等の額			D ※3,600	
繰越損益金				
差引合計額			0	

【税務上の仕訳と一致】

別表五(一)Ⅱ．資本金等の額の計算に関する明細書　(単位：千円)

区　分	期首現在 資本金等の額	当期の増減		差引翌期首現在 資本金等の額
		減	増	
	①	②	③	④
資本金				
資本準備金			A ※4,000	
利益積立金額			C ※△3,600	
差引合計額			400	

【税務上の仕訳と一致】

(3) 適格株式交換の株式交換完全子法人の株主の取扱い

① 譲渡損益が生じない場合（金銭等の交付がない場合）

株式交換（金銭等不交付株式交換に限ります）により株式の交付を受けた場合における譲渡損益の計算については、その譲渡対価の額は、旧株の株式交換直前の帳簿価額に相当する金額とされ、譲渡損益は生じません[13]（法法61の2⑨・法令119①九）。

取得する株式交換完全親法人株式の取得価額は、旧株の株式交換の直前の帳簿価額に相当する金額となります（法令119①九）。

（税務仕訳）

譲渡原価	400	株式交換完全子法人株式	400
株式交換完全親法人株式	400	譲渡対価	400

② 譲渡損益が生じる場合

上記①の金銭等不交付株式交換以外の場合には、株式交換完全子法人株式を時価で譲渡したものとして譲渡損益が生じます（法法61の2①・措法37の10①）。取得する株式交換完全親法人株式その他の株式の取得価額は、その時の価額となります（法令119①二十七・所令109①六）。

金銭等不交付要件が課されている適格株式交換では、株式交換完全子法人の株主が金銭等の交付を受けることは通常考えられないため、譲渡損益は基本的に計上されません。

13　個人株主については、譲渡がなかったものとみなす特例があります（所法57の4・所令167の7④）。

なるほど！プラス：株式交換の直前に株式交換完全子法人となる法人が自己株式を有している場合

株式交換完全子法人となる法人が株式交換直前に自己株式を有している場合には、その自己株式に対しても株式交換完全親法人株式が割り当てられます（会規23①二）。そのため、株式交換の効力発生とともに、自己株式勘定を親会社株式勘定に振り替える会計処理を行います。

株式交換完全親会社株式の取得価額は親会社株式の時価を用い（適用指針447-3）、自己株式勘定の帳簿価額との差額は自己株式処分差額としてその他資本剰余金に計上します（適用指針238-3）。

子会社が保有する親会社株式は、相当の時期に処分しなければならず（会法135③）、親会社自身による取得の場合にはその手続きも簡素化されています（会法163）。

一方税務上は、自己株式は有価証券としては取り扱われないため、自己株式の有価証券としての税務上の簿価はゼロ円です。その自己株式に対して割り当てられた親会社株式の簿価はゼロ円であるため、譲渡をしたときにはその譲渡対価の全額が課税所得を構成します。

株式交換に先立ち自己株式を消却することや、株式持ち合い発生後に、子会社から親会社への現物配当で株式の持ち合いを解消するなどが検討されます。

Ⅶ 現物分配[14]

〈現物分配を実施する主なケース〉

・親会社に移転したい資産がある場合（譲渡も可能）

・親会社に移転したい資産があるが、親会社に購入資金が無い場合

・配当を実施したいが、金銭債権に余裕が無い場合

・子会社が保有する親会社株式を親会社が取得したい場合（売買も可能）

・子会社と孫会社を兄弟会社とする組織再編をしたい場合（売買も可能）

・子会社が清算する際に残余財産を親会社に移転したい場合

1 現物分配を実施する場合の手続き（会法309②十、454④）

現物配当[15]を行う場合には、株主総会の特別決議が必要となります。

ただし、株主に対して金銭分配請求権を与えるときは株主総会の普通決議によります。なお、減額するその他資本剰余金又はその他利益剰余金は取締役会等において決定します。

会社法454条　剰余金の配当に関する事項の決定

株式会社は、前条の規定による剰余金の配当をしようとするときは、その都度、株主総会の決議によって、次に掲げる事項を定めなければならない。

一　配当財産の種類（当該株式会社の株式等を除く。）及び帳簿価額の総額

二　株主に対する配当財産の割当てに関する事項

三　当該剰余金の配当がその効力を生ずる日

14　本書では株式分配（法法２十二の十五の二）及び適格株式分配（法法２十二の十五、三）に該当する場合は割愛しています。

15　会計上は「現物配当」と表現し、法人税法では「現物分配」と表現されています。本書では会計処理に関する部分以外については現物分配として表現します。

※1　分配可能額については「第4章配当」と同様（74頁参照）となります（会法461、会計規156～158）。

2　純資産額が3,000千円未満となる場合には現物配当ができません（会法458）。

3　一定の場合には、適格現物分配により繰越欠損金の利用制限等が生じます。（なるほど！プラス「支配関係が5年以内に生じている場合の注意点」276頁参照）

4　取締役会の決議で実施する中間配当は金銭に限ります（会法454⑤）。

2　適格要件

完全支配関係がある子法人から親法人へ剰余金の配当として現物分配[1]があった場合は、適格現物分配に該当します。

法人税法2条十二の十五　適格現物分配

内国法人を現物分配法人とする現物分配のうち、その現物分配により資産の移転を受ける者がその現物分配の直前において当該内国法人との間に完全支配関係がある内国法人（普通法人又は協同組合等に限る。）のみであるものをいう。

なお、適格現物分配後における完全支配関係の継続は適格要件ではありません。

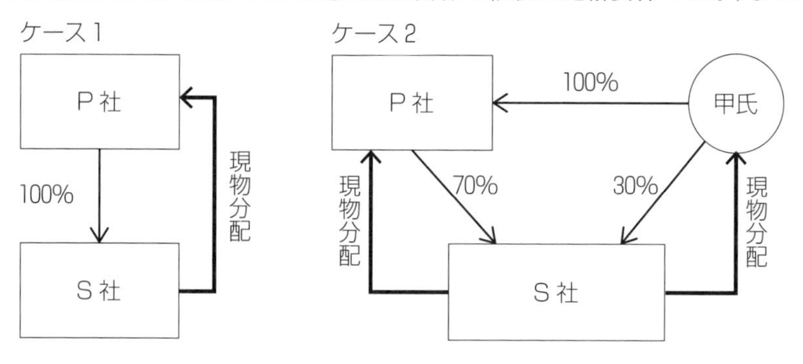

ケース１の場合、Ｐ社に対する現物分配は適格現物分配に該当します。

ケース２の場合は、個人株主である甲氏にも現物分配を実施しているため「現物分配により資産の移転を受ける者」が「完全支配関係がある内国法人のみである」という要件を満たしませんので、Ｐ社・甲氏への現物分配はいずれについても非適格現物分配となります。

3　利益剰余金を原資とする現物分配があった場合

(1)　非適格現物分配

利益剰余金を原資として金銭以外の資産の配当（現物分配）をした法人（現物分配法人）については、利益積立金額の減少と交付する資産の減少の処理をします。

また、利益剰余金を原資とする現物分配を受けた法人（被現物分配法人）については、交付を受けた資産と配当金を計上します。

なお、現物分配（適格現物分配に該当するものを除きます。）については金銭配当と同様に源泉徴収が必要となることから、現物分配と同時に現金配当を実施するケースや源泉徴収税額相当額の金銭を事前に受領するケースもあります。

具体的な処理としては次のようになります。

【具体例１】

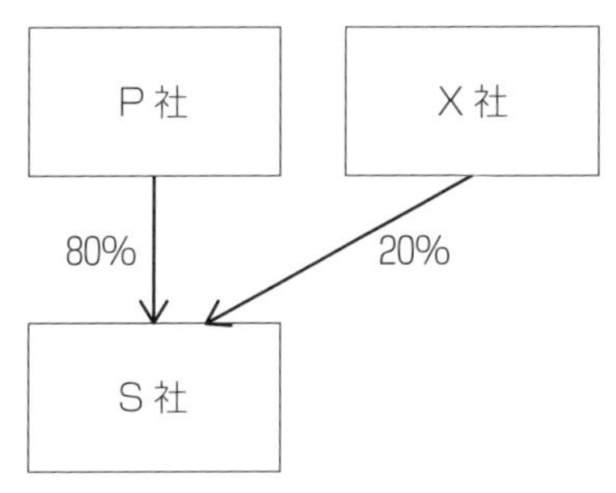

Ｓ社の貸借対照表（分配直前）
（単位：千円）

資　本　金	50,000
資本剰余金	15,000
利益剰余金	60,000
純資産の部	125,000

※１　Ｐ社が保有するＳ株式の帳簿価額は40,000千円である。

※２　Ｐ社とＸ社の間に支配関係はないものとする。

Ｓ社からＰ社に対して利益剰余金を原資として土地（時価18,000千円、分配直前の帳簿価額12,000千円）を配当し、利益剰余金を12,000千円減額している。

なお、Ｘ社に対しても持分に応じた同様の配当を実施し、利益剰余金を3,000千円減額している。

①　現物分配法人（Ｓ社）の処理【利益剰余金／非適格】

⑴　会計処理

株主に対して利益剰余金を原資として現物配当を行った場合には、利益剰余金の減少処理と現物配当により交付した資産の減少処理をします。

なお、企業集団内の企業への配当に該当するため譲渡損益は生じず、交付直前の帳簿価額をもってその他利益剰余金を減額する処理[16]となります。

（仕訳：Ｐ社対応分）

繰越利益剰余金	12,000 A	／	土　　　地	12,000

⑵　税務処理

この具体例では「現物分配を受ける者が完全支配関係がある法人のみ」に該当しないため、非適格現物分配に該当します。

税務上、利益剰余金を原資とする現物分配が非適格現物分配に該当する場合は交付する資産を時価で譲渡したものとして譲渡損益を計上します。配当については利益積立金額の減少とし、現物分配により交付した資産の減少処理を行います。

（仕訳：Ｐ社対応分）

利益積立金額	18,000	／	土　　　地	12,000
			譲　渡　益	6,000

※源泉徴収税額

Ｐ社が保有するＳ株式は発行済株式等の総数等に占める割合が３分の１超であるため源泉徴収は不要となります（【源泉徴収の処理】85頁参照）。

16　自己株式及び準備金の額の減少等に関する会計基準の適用指針10

⑶　税務調整

㋑　調整仕訳：Ｐ社対応分

利益積立金額	6,000	／	譲渡益	6,000

分解すると…

未収金	6,000		譲渡益	6,000
利益積立金額	6,000 B		未収金	6,000

㋺　別表四：Ｐ社対応分

現物分配により利益積立金額が減少していますので以下のように記載します。

別表四　（単位：千円）

区分		総額	処分		
			留保	社外流出	
当期利益又は当期欠損の額			△18,000	配当	18,000
				その他	
加算	土地譲渡益計上もれ	6,000	6,000		

㋩　別表五㈠：Ｐ社対応分

別表五㈠Ⅰ．利益積立金額の計算に関する明細書　（単位：千円）

区分	期首現在利益積立金額	当期の増減		差引翌期首現在利益積立金額
		減	増	
	①	②	③	④
利益準備金				
未収金（土地）		B ＊6,000	6,000	0
繰越損益金			A △12,000	

※１　Bの6,000千円は別表五㈠のみの処理となるため「＊」を付します。

※２　繰越損益金③欄には会社が計上した利益剰余金の配当12,000千円が含まれており、AとBの合計18,000千円は税務上の仕訳における利益積立金額の減少額と一致[17]します。

別表五(一)Ⅱ．資本金等の額の計算に関する明細書：調整なし

②　被現物分配法人（Ｐ社）の処理【利益剰余金／非適格】

(イ)　会計処理

利益剰余金を原資とする現物配当を受けた場合は、交付を受けた資産の計上と保有していた株式が実質的に引き換えられたものとみなして子会社株式の一部減少処理を行います。

なお、企業集団内の企業への配当に該当するため現物分配法人（Ｓ社）の分配直前の帳簿価額をもって資産計上する処理[18]となり、減少する子会社株式の帳簿価額との差額は交換損益として特別損益に計上されます。

（仕訳）

借方	金額	貸方	金額
土　　　地	12,000	Ｓ　株　式	3,840
		交 換 損 益	8,160

※　Ｓ株式の減少額は分配を受ける直前の株式の適正な帳簿価額を合理的な方法によって按分し算定する[19]こととされており、本書では分配直前のＳ株式の帳簿価額に分配割合（現物分配法人の分配直前の純資産の帳簿価額のうちに交付資産の帳簿価額が占める割合）を乗じた金額により計算しています。

$$40{,}000 \times \frac{12{,}000}{125{,}000} = 3{,}840$$

(ロ)　税務処理

税務上、利益剰余金を原資とする現物分配が非適格現物分配に該当する場合は、交付を受けた資産の取得価額は原則として時価により計上します。

なお、受取配当等の益金不算入制度が適用できます。

17　税務上仕訳の「譲渡益」は利益積立金額を構成するため、税務上の仕訳にある利益積立金額の減少額18,000千円は譲渡益を認識した後における金額となります。
18　自己株式及び準備金の額の減少等に関する会計基準の適用指針10
19　事業分離等に関する会計基準35、52、143、企業結合会計基準及び事業分離等会計基準に関する適用指針244、295、297

（仕訳）

土　　　地　18,000　／　受取配当金　18,000

※　発行済株式等の３分の１超保有のため源泉所得税は発生しません。

(ハ)　税務調整

㋑　調整仕訳

土　　　地	6,000	／	受取配当金	18,000
S　株　式	3,840			
交換損益	8,160			

分解すると……

土　　　地　6,000　／　受取配当金　6,000

S　株　式　3,840　／　受取配当金　3,840

交換損益　8,160　／　受取配当金　8,160（益金の項目振替）

㋺　別表四

会計上は交換損益を計上していますが、法人税法においては認識しませんので減算調整を行います。また、S株式の減額取消しと受取配当金の計上処理も同時に行います。

（単位：千円）

区　分		総　額	処　分		
			留　保	社外流出	
加算	受取配当金計上もれ	18,000	18,000		
減算	交換損益益金不算入額 受取配当等の益金不算入額	8,160 17,280	8,160	※	17,280

※　受取配当等の益金不算入額については、関連法人株式等に係る配当等として、配当金額の４％を負債利子控除として計算しています。

18,000－18,000×４％＝17,280

なお、会計上は交換損益として8,160千円の収益を計上していますが、これを受取配当金と同様（名称の違いだけで同じ益金）とすると、受取配当金の計上もれは土地の計上不足額とＳ株式の減少額との合計額となり、以下の処理となります。

別表四　（単位：千円）

区　分		総　額	処　分		
			留　保	社外流出	
加算	受取配当金計上もれ （土地・Ｓ株式計上もれ）	9,840	9,840		
減算	受取配当等の益金不算入額	17,280		※	17,280

㈧　別表五㈠

交換損益8,160千円と受取配当金のうち8,160千円は同じ益金であり、別表四での処理は項目の振替であるため相殺し、会計上減額したＳ株式の増加処理と土地の計上不足額の増加処理を行います。

別表五㈠Ⅰ．利益積立金額の計算に関する明細書　（単位：千円）

区分	期首現在 利益積立金額	当期の増減		差引翌期首現在 利益積立金額
		減	増	
	①	②	③	④
利益準備金				
土　　地			6,000	6,000
Ｓ　株　式			3,840	3,840
繰越損益金			8,160	

※　繰越損益金③欄には会社が計上した交換損益8,160千円が含まれており、この金額と土地6,000千円及びＳ株式3,840千円の合計18,000千円は税務上の仕訳における受取配当金（利益積立金額の増加）と一致します。

別表五㈠Ⅱ．資本金等の額の計算に関する明細書：調整なし

(2)　適格現物分配

利益剰余金を原資として金銭以外の資産の配当（現物分配）をした法人（現物分配法人）については、利益剰余金の減少と交付する資産の減少の処理をします。

また、利益剰余金を原資とする現物分配を受けた法人（被現物分配法人）については、交付を受けた資産の計上と配当金を計上します。

なお、適格現物分配に該当する場合は源泉徴収が不要となります。具体的な処理としては次のようになります。

【具体例２】

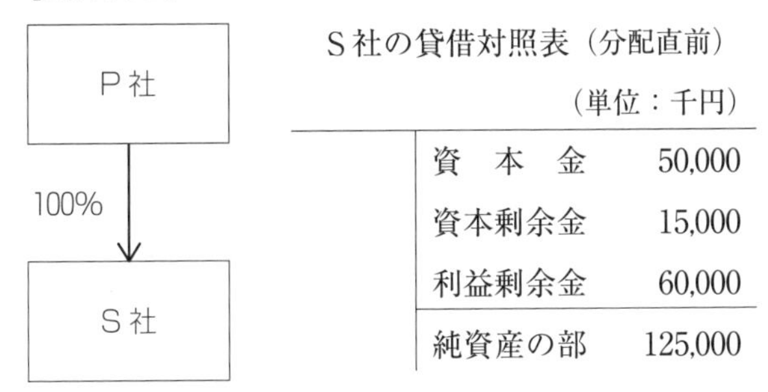

Ｓ社の貸借対照表（分配直前）

（単位：千円）

	資　本　金	50,000
	資本剰余金	15,000
	利益剰余金	60,000
	純資産の部	125,000

※　Ｐ社が保有するＳ株式の帳簿価額は50,000千円である。Ｓ社からＰ社に対して利益剰余金を原資として土地（時価18,000千円、配当直前の帳簿価額12,000千円）を配当し、利益剰余金12,000千円を減額している。

①　現物分配法人（Ｓ社）の処理【利益剰余金／適格】

(イ)　会計処理（非適格現物分配の場合と処理方法は同じです。）

株主に対して利益剰余金を原資として現物配当を行った場合には、利益剰余金の減少処理と現物配当により交付した資産の減少処理をします。

なお、企業集団内の企業への配当に該当するため譲渡損益は生じず、交付直前の帳簿価額をもってその他利益剰余金を減額する処理[20]となります。

20　自己株式及び準備金の額の減少等に関する会計基準の適用指針10

（仕訳）

繰越利益剰余金　12,000　／　土　　　地　12,000

(ロ)　税務処理

この具体例では現物分配を受ける者が「完全支配関係がある法人のみ」であるため適格現物分配に該当します。

税務上、適格現物分配に該当する場合は分配直前の帳簿価額による分配とするため譲渡損益は発生しません。そのため、分配直前帳簿価額相当額の利益積立金額を減少させるとともに、現物分配により分配した資産の減少処理を行います。

（仕訳）

利益積立金額　12,000　／　土　　　地　12,000

※　適格現物分配に該当するため、源泉徴収は不要となります。（所法24、181）

(ハ)　税務調整

㋑　調整仕訳

なし

㋺　別表四

別表四　（単位：千円）

<table>
<tr><th rowspan="2">区　分</th><th rowspan="2">総　額</th><th colspan="3">処　分</th></tr>
<tr><th>留　保</th><th colspan="2">社外流出</th></tr>
<tr><td rowspan="2">当期利益又は当期欠損の額</td><td rowspan="2"></td><td rowspan="2">△12,000</td><td>配　当</td><td>12,000</td></tr>
<tr><td>その他</td><td></td></tr>
</table>

㋩　別表五(一)：調整なし

②　被現物分配法人（Ｐ社）の処理【利益剰余金／適格】

(イ)　会計処理（非適格現物分配の場合と処理方法は同じです。）

利益剰余金を原資とする現物配当を受けた場合は、交付を受けた資産の計上と保有していた株式が実質的に引き換えられたものとみなして子会社株式の一部減少処理を行います。

なお、企業集団内の企業への配当に該当するため現物分配法人（Ｓ社）の分配直前の帳簿価額をもって資産計上する処理[21]となり、減少する子会社株式の帳簿価額との差額は交換損益として特別損益に計上されます。

（仕訳）

借方	金額	貸方	金額
土　　地	12,000	Ｓ　株　式	4,800
		交換損益	7,200

※　Ｓ株式の減少額は分配を受ける直前の株式の適正な帳簿価額を合理的な方法によって按分し算定する[22]こととされており、本書では分配直前のＳ株式の帳簿価額に分配割合（現物分配法人の分配直前の純資産の帳簿価額のうちに交付資産の帳簿価額が占める割合）を乗じた金額により計算しています。

$$50{,}000 \times \frac{12{,}000}{125{,}000} = 4{,}800$$

(ロ)　税務処理

税務上、利益剰余金を原資とする現物分配が適格現物分配に該当する場合は、交付を受けた資産の取得価額は現物分配法人の分配直前帳簿価額により計上します。

なお、適格現物分配に該当するため受取配当金については益金不算入となります。

（仕訳）

借方	金額	貸方	金額
土　　地	12,000	受取配当金	12,000

※　適格現物分配に該当するため、源泉所得税は発生しません（所法24、181）。

(ハ)　税務調整

①　調整仕訳

借方	金額	貸方	金額
Ｓ　株　式	4,800	受取配当金	12,000
交換損益	7,200		

21　自己株式及び準備金の額の減少等に関する会計基準の適用指針10
22　事業分離等に関する会計基準35、52、143、企業結合会計基準及び事業分離等会計基準に関する適用指針244、295、297

㋺　別表四

会計上は交換損益を計上していますが、法人税法においては認識しませんので、減算調整を行います。また、Ｓ株式の減額取消しと受取配当金の計上処理も行います。

なお、適格現物分配に該当する配当については法人税法62条の５第４項の規定により益金不算入とされるため、受取配当等の益金不算入ではなく「適格現物分配に係る益金不算入額」の欄を使用します。

別表四

（単位：千円）

<table>
<tr><th colspan="2" rowspan="2">区　分</th><th rowspan="2">総　額</th><th colspan="3">処　分</th></tr>
<tr><th>留　保</th><th colspan="2">社外流出</th></tr>
<tr><td>加算</td><td>受取配当金計上もれ</td><td>12,000</td><td>12,000</td><td></td><td></td></tr>
<tr><td>減算</td><td>交換損益益金不算入額
適格現物分配に係る益金不算入額</td><td>7,200
12,000</td><td>7,200</td><td>
※</td><td>
12,000</td></tr>
</table>

※　会計上は交換損益として7,200千円の収益を計上していますので、これを受取配当金と同様（名称の違いだけで同じ益金）とすると、受取配当金の計上もれはＳ株式の減少額と同額となり、以下の処理となります。

別表四

（単位：千円）

<table>
<tr><th colspan="2" rowspan="2">区　分</th><th rowspan="2">総　額</th><th colspan="3">処　分</th></tr>
<tr><th>留　保</th><th colspan="2">社外流出</th></tr>
<tr><td>加算</td><td>受取配当金計上もれ
（Ｓ株式計上もれ）</td><td>4,800</td><td>4,800</td><td></td><td></td></tr>
<tr><td>減算</td><td>適格現物分配に係る益金不算入額</td><td>12,000</td><td></td><td>※</td><td>12,000</td></tr>
</table>

㋩　別表五㈠

交換損益7,200千円と受取配当金のうち7,200千円は同じ益金であり、別表四での処理は項目の振替であるため相殺し、会計上減額したＳ株式の増加処理を行います。

別表五㈠Ⅰ．利益積立金額の計算に関する明細書　（単位：千円）

区分	期首現在利益積立金額	当期の増減		差引翌期首現在利益積立金額
		減	増	
	①	②	③	④
利益準備金				
S　株　式			4,800	4,800
繰越損益金			7,200	

※　繰越損益金③欄には会社が計上した交換損益7,200千円が含まれており、この金額とS株式4,800千円の合計12,000千円は税務上の仕訳における受取配当金（利益積立金額の増加）と一致します。

別表五㈠Ⅱ．資本金等の額の計算に関する明細書：調整なし

4　資本剰余金を原資とする現物分配があった場合（法令8①十八）

(1)　非適格現物分配

資本剰余金を原資として金銭以外の資産の配当（現物分配）をした法人（現物分配法人）については、資本の払戻しをしたものとして処理します。

また、資本剰余金を原資とする現物分配を受けた法人（被現物分配法人）については、交付を受けた資産を計上するとともに、現物分配法人株式の譲渡計算とみなし配当を計上します。

なお、現物分配（適格現物分配に該当するものを除きます。）については金銭配当と同様に源泉徴収が必要となることから、現物分配と同時に現金配当を実施するケースや源泉徴収税額相当額の金銭を事前に受領するケースもあります。具体的な処理としては、次のようになります。

【具体例3】

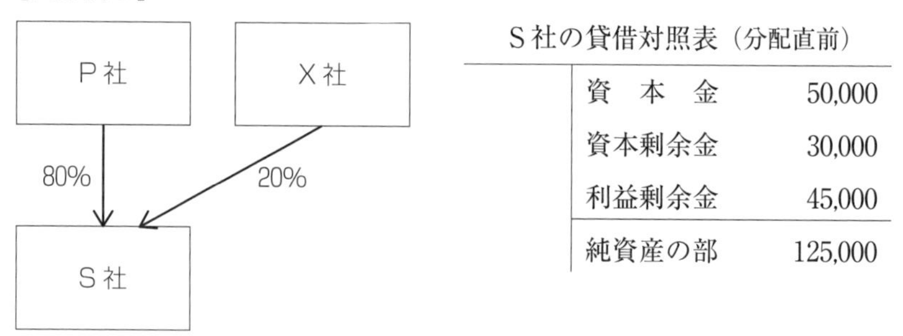

S社の貸借対照表（分配直前）

資　本　金	50,000
資本剰余金	30,000
利益剰余金	45,000
純資産の部	125,000

※1　P社が保有するS株式の帳簿価額は40,000千円である。

※2　P社とX社の間に支配関係はないものとする。

※3　S社の前期末における資産の帳簿価額から負債の帳簿価額を減算した金額は123,200千円である。

S社からP社に対して資本剰余金を原資として土地（時価13,000千円、分配直前の帳簿価額12,000千円）を配当し、資本剰余金12,000千円を減額している。

なお、X社に対しても持分に応じて同様の配当を実施し、資本剰余金3,000千円を減額している。

①　現物分配法人（S社）の処理【資本剰余金／非適格】

(イ)　会計処理

株主に対して資本剰余金を原資として現物配当を行った場合は、資本剰余金の減少処理[23]と現物配当により移転した資産の減少処理をします。

なお、企業集団内の企業への配当に該当するため譲渡損益は生じず、移転直前の帳簿価額をもってその他資本剰余金を減額する処理となります。

（仕訳：P社対応分）

その他資本剰余金　12,000 A　／　土　　　地　12,000

23　自己株式及び準備金の額の減少等に関する会計基準の適用指針10

(ロ)　税務処理

資本剰余金を原資とする現物分配を行った場合は、現物分配により交付した資産の減少処理とともに資本金等の額の減少処理及び利益積立金額の減少処理を行います。

この具体例では「現物分配を受ける者が完全支配関係がある法人のみ」に該当しないため、非適格現物分配に該当します。

税務上、非適格現物分配に該当する場合は交付する資産を時価で譲渡したものとして譲渡損益を計上します。

※1　資本金等の額の減少額（減資資本金額：詳細は第4章「配当」の「払戻等対応資本金額等」91頁参照）

…分配直前の資本金等の額×払戻割合

$$払戻割合=\frac{減少した資本剰余金の額}{前期末の資産帳簿価額-負債帳簿価額}\left(\begin{array}{c}小数点以下\\3位未満切上\end{array}\right)$$

※2　利益積立金額の減少額

…交付直前における交付資産の時価－減資資本金額

（仕訳：P社対応分）

借方	金額	貸方	金額
資本金等の額	7,808	土　地	12,000
利益積立金額	5,192	譲渡益	1,000

	直前資本金等の額		払戻割合		P社持分	
※1　資本金等の額：	80,000	×	0.122	×	80%	＝7,808

$$払戻割合：\frac{12{,}000+3{,}000}{123{,}200}=0.12175\cdots\rightarrow 0.122$$

※2　利益積立金額：13,000－7,808＝5,192

※3　源泉徴収税額

Ｐ社が保有するＳ株式は発行済株式等の総数等に占める割合が3分の1超であるため源泉徴収は不要となります。

(ハ)　税務調整

④　調整仕訳：P社対応分

借方	金額	貸方	金額
利益積立金額	5,192	譲　渡　益	1,000
		資本金等の額	4,192

↓

分解すると……

借方	金額		貸方	金額	
未　収　金	1,000		譲　渡　益	1,000	
利益積立金額	1,000	B	未　収　金	1,000	
利益積立金額	4,192	C	資本金等の額	4,192	D

回　別表四：P社対応分

別表四

（単位：千円）

区　分		総　額	処分		
			留　保		社外流出
当期利益又は当期欠損の額			△5,192	配　当	5,192
				その他	
加算	土地譲渡益計上もれ	1,000	1,000		

㋩　別表五㈠：Ｐ社対応分

別表五㈠Ⅰ．利益積立金額の計算に関する明細書　（単位：千円）

区　分	期首現在利益積立金額	当期の増減		差引翌期首現在利益積立金額
		減	増	
	①	②	③	④
利益準備金				
未収金（土地）		B ＊1,000	1,000	0
資本金等の額			C △4,192	△ 4,192
繰越損益金				

※１　Bの1,000千円は別表五㈠のみの処理となるため「＊」を付します。

※２　BとCの合計5,192千円は税務上の仕訳における利益積立金額の減少額と一致[24]します。

別表五㈠Ⅱ．資本金等の額の計算に関する明細書　（単位：千円）

区　分	期首現在資本金等の額	当期の増減		差引翌期首現在資本金等の額
		減	増	
	①	②	③	④
資本金又は出資金	50,000			50,000
資本準備金				
その他資本剰余金	30,000	A 12,000		18,000
利益積立金額			D 4,192	4,192
差引合計額	80,000	12,000	4,192	72,192

7,808千円（80,000－72,192）の減少
【税務上の仕訳（Ｐ社対応分）と一致】

※　（網掛け部分）は振替調整のため、基本的には消えずに残り続けます。

24　税務上仕訳の「譲渡益」は利益積立金額を構成するため、税務上の仕訳にある利益積立金額の減少額5,192千円は譲渡益を認識した後における金額となります。

②　被現物分配法人（P社）の処理【資本剰余金／非適格】

(イ)　会計処理

資本剰余金を原資とする現物配当を受けた場合は、交付を受けた資産の受入処理と保有していた株式が実質的に引き換えられたものとみなして子会社株式の一部減少処理を行います。

なお、企業集団内の企業への配当に該当するため現物分配法人（S社）の分配直前の帳簿価額をもって資産計上する処理[25]となり、減少する子会社株式の帳簿価額との差額は交換損益として特別損益に計上されます。

（仕訳）

借方	金額	貸方	金額
土地	12,000	S株式	3,840※
		交換損益	8,160

※　S株式の減少額は分配を受ける直前における株式の適正な帳簿価額を合理的な方法によって按分し算定する[26]こととされており、本書では分配直前のS株式の帳簿価額に分配割合（現物分配法人の分配直前の純資産の帳簿価額のうちに交付資産の帳簿価額が占める割合）を乗じた金額により計算しています。

S株式の直前簿価　　減少割合

$$40{,}000 \times \frac{12{,}000}{125{,}000} = 3{,}840$$

(ロ)　税務処理（法法61の2⑱、法令119の9①、法令23①四イ）

税務上、資本剰余金を原資とする現物分配を受けた場合は資本の払戻しとして現物資産を取得した処理となりますので、株式の譲渡計算とみなし配当（現物分配法人の利益積立金額の減少額）の計上を行います。

非適格現物分配に該当する場合は交付を受けた資産の取得価額は原則として時価により計上します。

株式の譲渡計算における譲渡対価の額は現物分配法人（S社）における資本

25　自己株式及び準備金の額の減少等に関する会計基準の適用指針10
26　事業分離等に関する会計基準35、52、143、企業結合会計基準及び事業分離等会計基準に関する適用指針244、295、297

金等の額の減少額であり、被現物分配法人（Ｐ社）における譲渡原価となる現物分配法人株式（Ｓ株式）の減少額は直前帳簿価額に払戻等割合を乗じた金額となります。

なお、みなし配当については受取配当等の益金不算入制度が適用できます。

※１　譲渡対価の額（払戻等対応資本金額等[27]のうち保有株式数対応分）

$$\cdots \text{払戻等法人の払戻等の直前の資本金等の額} \times \text{払戻等割合} \times \frac{\text{保有株式数}}{\text{発行済株式総数}}$$

$$\text{払戻等割合} = \frac{\text{減少した資本剰余金の額}}{\text{前期末の資産帳簿価額} - \text{負債帳簿価額}} \left(\begin{array}{c}\text{小数点以下}\\ \text{3位未満切上}\end{array} \right)$$

※２　譲渡原価の額…現物分配法人株式の分配直前の帳簿価額×払戻等割合

※３　みなし配当金額…交付を受けた資産の時価－※１の譲渡対価の額

（仕訳）

借方	金額	貸方	金額
土地	13,000	Ｓ株式	4,880
		譲渡益	2,928
		みなし配当	5,192

	直前資本金等の額		払戻等割合	持分
※１　譲渡対価の額：	80,000	×	0.122	×80％

＝7,808（261頁の①(ロ)の「資本金等の額」のうちP社対応分と同じ）

$$\text{払戻等割合：} \frac{12{,}000 + 3{,}000}{123{,}200} = 0.12175 \cdots \rightarrow 0.122$$

	直前帳簿価額		払戻等割合	
※２　譲渡原価の額：	40,000	×	0.122	＝4,880

※３　株式の譲渡利益：7,808－4,880＝2,928

27　現物分配法人の減資資本金額（詳細は第４章「配当」の「払戻等対応資本金額等」91頁参照）と一致します。

※４　みなし配当金額：13,000－7,808＝5,192

※５　発行済株式等の３分の１超保有のため源泉所得税なし。

(ハ)　税務調整

㋑　調整仕訳

借方		貸方	
交換損益	8,160	Ｓ株式	1,040
土地	1,000	譲渡益	2,928
		みなし配当金	5,192

分解すると……

借方		貸方		
土地	1,000	交換損益	1,000	
交換損益	1,040	Ｓ株式	1,040	
交換損益	2,928	譲渡益	2,928	（益金の項目振替）
交換損益	5,192	みなし配当金	5,192	（益金の項目振替）

㋺　別表四

会計上は交換損益を計上していますが、法人税法においては認識しませんので減算調整を行います。また、みなし配当の追加及びＳ株式譲渡益の計上も同時に行います。

別表四　　　　（単位：円）

区分		総額	処分		
			留保	社外流出	
加算	Ｓ株式譲渡益計上もれ	2,928,000	2,928,000		
	受取配当金計上もれ	5,192,000	5,192,000		
減算	交換損益益金不算入額	8,160,000	8,160,000		
	受取配当等の益金不算入額	4,984,320		※	4,984,320

※　受取配当等の益金不算入額については、関連法人株式等に係る配当等として、配当金額の４％を負債利子控除として計算しています。

5,192,000－5,192,000×４％＝4,984,320

なお、会計上は交換損益として8,160千円の収益を計上していますので、これを譲渡益及びみなし配当と同様（名称の違いだけで同じ益金）とすると、交換損益の減算調整額は土地の計上不足額（1,000千円）とＳ株式の減少不足額（△1,040千円）を相殺した金額（△40千円）と同額となり、以下の処理となります。

別表四　（単位：円）

区分		総額	処分		
			留保	社外流出	
加算					
減算	交換損益益金不算入額	40,000	40,000		
	受取配当等の益金不算入額	4,984,320		※	4,984,320

㋩　別表五㈠

交換損益と譲渡益及び受取配当金は同じ益金であり、別表四での処理は項目の振替であるため相殺し、土地の計上不足額の増額とＳ株式の減額追加の処理を行います。

別表五㈠Ⅰ．利益積立金額の計算に関する明細書　（単位：千円）

区分	期首現在利益積立金額	当期の増減		差引翌期首現在利益積立金額
		減	増	
	①	②	③	④
利益準備金				
土地			1,000	1,000
Ｓ株式			△1,040	△1,040
繰越損益金			8,160	

※１　土地1,000千円及びＳ株式△1,040千円の合計△40千円が相殺後の交換損益益金不算入額40千円（別表四）と一致します。

※２　繰越損益金③欄には会社が計上した交換損益8,160千円が含まれており、この金額と土地1,000千円及びＳ株式△1,040千円の合計8,120千円は、税務上の仕訳における譲渡益2,928千円とみなし配当5,192千円の合計8,120千円（利益積立金額の増加）と一致します。

⑵　適格現物分配

資本剰余金を原資として金銭以外の資産の配当（現物分配）をした法人（現物分配法人）については、資本の払戻しをしたものとして処理します。

また、資本剰余金を原資とする現物分配を受けた法人（被現物分配法人）については、交付を受けた資産を計上するとともに、現物分配法人株式の譲渡計算とみなし配当を計上します。

なお、適格現物分配に該当する場合は源泉徴収が不要となります。具体的な処理としては、次のようになります。

【具体例４】

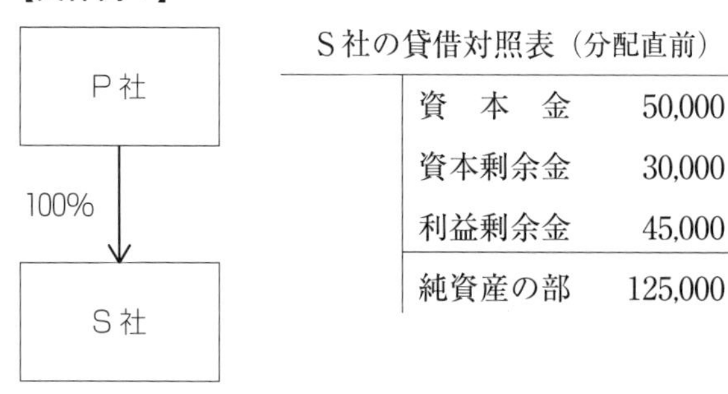

S社の貸借対照表（分配直前）

	資　本　金	50,000
	資本剰余金	30,000
	利益剰余金	45,000
	純資産の部	125,000

※１　P社が保有するS株式の帳簿価額は50,000千円である。

※２　S社の前期末における資産の帳簿価額から負債の帳簿価額を減算した金額は123,200千円である。

S社からP社に対して、資本剰余金を原資として土地（時価13,000千円、交付直前帳簿価額12,000千円）を交付し、資本剰余金を12,000千円減額している。

①　現物分配法人（S社）の処理【資本剰余金／適格】

⑴　会計処理（非適格現物分配の場合と処理方法は同じです。）

株主に対して資本剰余金を原資とする現物配当を行った場合には、資本剰余金の減少処理と現物配当により交付した資産の減少処理をします。

なお、企業集団内の企業への配当に該当するため譲渡損益は生じず、交付直前の帳簿価額をもってその他資本剰余金を減額する処理となります。

（仕訳）

その他資本剰余金　12,000 A　／　土　　　地　12,000

(ロ)　税務処理

税務上、資本剰余金を原資とする現物分配を行った場合は、現物分配により交付した資産の減少処理とともに資本金等の額の減少処理及び利益積立金額の減少処理を行います。

この具体例では現物分配を受ける者が「完全支配関係がある法人のみ」であるため適格現物分配に該当します。

適格現物分配に該当する場合は分配直前の帳簿価額による分配とするため譲渡損益は発生しません。

※1　資本金等の額の減少額（減資資本金額：詳細は第4章「配当」の「払戻等対応資本金額等」91頁参照）

…分配直前の資本金等の額×払戻割合

$$\text{払戻割合} = \frac{\text{減少した資本剰余金の額}}{\text{前期末の資産帳簿価額} - \text{負債帳簿価額}} \quad \left(\begin{array}{c}\text{小数点以下}\\ \text{3位未満切上}\end{array}\right)$$

※2　利益積立金額の減少額

…交付直前における交付資産の帳簿価額－減資資本金額

（仕訳）

資本金等の額	7,840	土　　　地	12,000
利益積立金額	4,160		

※1　資本金等の額：80,000（直前資本金等の額）× 0.098（払戻割合）＝7,840（減資資本金額）

$$\text{払戻割合：} \frac{12,000}{123,200} = 0.09740\cdots \rightarrow 0.098$$

※2　利益積立金額：12,000－7,840＝4,160

※3　適格現物分配に該当するため、源泉徴収は不要となります（所法24、181）。

(ハ)　税務調整

㋑　調整仕訳

利益積立金額　4,160,000 B　／　資本金等の額　4,160,000 C

㋺　別表四

「当期利益又は当期欠損の額」の配当欄に4,160千円を記載します。

㋩　別表五(一)

別表五(一)Ⅰ．利益積立金額の計算に関する明細書　（単位：千円）

区　分	期首現在利益積立金額	当期の増減		差引翌期首現在利益積立金額
		減	増	
	①	②	③	④
利益準備金				
資本金等の額			B △4,160	△4,160
繰越損益金				

別表五(一)Ⅱ．資本金等の額の計算に関する明細書　（単位：千円）

区　分	期首現在資本金等の額	当期の増減		差引翌期首現在資本金等の額
		減	増	
	①	②	③	④
資本金又は出資金	50,000			50,000
資本準備金				
その他資本剰余金	30,000	A 12,000		18,000
利益積立金額			C 4,160	4,160
合　計	80.000	12,000	4,160	72,160

7,840千円（80,000－72,160）の減少
【税務上の仕訳と一致】

※ (網掛け部分)は振替調整のため、基本的には消えずに残り続けます。

②　被現物分配法人（Ｐ社）の処理【資本剰余金／適格】

⑴　会計処理（非適格現物分配の場合と処理方法は同じです。）

資本剰余金を原資とする現物配当を受けた場合には、交付を受けた資産の受入処理と保有していた株式が実質的に引き換えられたものとみなして子会社株式の一部減少処理を行います。

なお、企業集団内の企業への配当に該当するため現物分配法人（Ｓ社）の分配直前の帳簿価額をもって資産計上する処理[28]となり、減少する子会社株式の帳簿価額との差額は交換損益として特別損益に計上されます。

（仕訳）

土　地	12,000	Ｓ　株　式	4,800
		交換損益	7,200

※　Ｓ株式の減少額は分配を受ける直前の株式の適正な帳簿価額を合理的な方法によって按分し算定する[29]こととされており、本書では分配直前のＳ株式の帳簿価額に分配割合（現物分配法人の分配直前の純資産の帳簿価額のうちに交付資産の帳簿価額が占める割合）を乗じた金額により計算します。

Ｓ株式の直前簿価　減少割合

$$50{,}000 \times \frac{12{,}000}{125{,}000} = 4{,}800$$

⑵　税務処理

税務上、資本剰余金を原資とする現物分配を受けた場合は資本の払戻しとして現物資産を取得した処理となりますので、株式の譲渡計算とみなし配当（現物分配法人の利益積立金額の減少額）の計上を行います。ただし、完全支配関係がある法人間における発行法人に対する譲渡に該当するため、株式の譲渡損益は認識せず、譲渡損益相当額を資本金等の額の増減とします（法法61の２⑰⑱、法令８①二十二、119の９）。

28　自己株式及び準備金の額の減少等に関する会計基準の適用指針10
29　事業分離等に関する会計基準35、52、143、企業結合会計基準及び事業分離等会計基準に関する適用指針244、295、297

適格現物分配に該当するため交付を受けた資産の取得価額は現物分配法人の分配直前帳簿価額により計上します。

なお、適格現物分配に該当するためみなし配当については益金不算入となり、源泉徴収もありません。

※1　譲渡対価の額（払戻等対応資本金額等[30]のうち保有株式数対応分）

$$\cdots\text{払戻等法人の払戻等の直前の資本金等の額}\times\text{払戻等割合}\times\frac{\text{保有株式数}}{\text{発行済株式総数}}$$

$$\text{払戻等割合}=\frac{\text{減少した資本剰余金の額}}{\text{前期末の資産帳簿価額}-\text{負債帳簿価額}}\left(\begin{array}{c}\text{小数点以下}\\ \text{3位未満切上}\end{array}\right)$$

※2　譲渡原価の額…現物分配法人株式の分配直前の帳簿価額×払戻等割合

※3　みなし配当金額…交付を受けた資産の直前帳簿価額－※1の譲渡対価の額

（仕訳）

借方	金額	貸方	金額
土　地	12,000	S　株　式	4,900
		資本金等の額	2,940（譲渡損益相当額）
		みなし配当	4,160

※1　譲渡対価の額：80,000（直前資本金等の額）×0.098（払戻等割合）×100%（持分）
＝7,840（269頁の①(ロ)の「減資資本金額」のうちP社対応分と同じ）

$$\text{払戻等割合}：\frac{12,000}{123,200}=0.09740\cdots\rightarrow0.098$$

※2　譲渡原価の額：50,000（直前帳簿価額）×0.098（払戻等割合）＝4,900

※3　譲渡益相当額：7,840－4,900＝2,940

30　現物分配法人の減資資本金額（詳細は第4章「配当」の「払戻等対応資本金額等」91頁参照）と一致します。

※４　みなし配当金額：12,000－7,840＝4,160

※５　適格現物分配に該当するため、源泉徴収は不要となります（所法24、181）。

(ハ)　税務調整

㋑　調整仕訳

借方	金額	貸方	金額
交換損益	7,200	Ｓ　株　式	100
		資本金等の額	2,940
		みなし配当	4,160

↓

分解すると……

借方	金額		貸方	金額		
交換損益	100	A	Ｓ　株　式	100		
交換損益	2,940	B	資本金等の額	2,940	C	
交換損益	4,160		みなし配当	4,160		（益金の項目振替）

㋺　別表四

会計上は交換損益を計上していますが、法人税法においては認識しませんので減算調整を行います。また、みなし配当の追加及びＳ株式の帳簿価額減額も同時に行います。

なお、適格現物分配による配当については法人税法62条の５第４項の規定により益金不算入とされるため、受取配当等の益金不算入ではなく「適格現物分配に係る益金不算入額」の欄を使用します。

別表四

（単位：千円）

区　分		総　額	処　分		
			留　保	社外流出	
加算	受取配当金計上もれ	4,160	4,160		
減算	交換損益益金不算入額	7,200	7,200		
	適格現物分配に係る益金不算入額	4,160		※	4,160

※　会計上は交換損益として7,200千円の収益を計上していますので、これを受取配当金と同様（名称の違いだけで同じ益金）として相殺すると以下の処理となります。

別表四

（単位：千円）

区　分		総　額	処　分		
			留　保	社外流出	
加算					
減算	交換損益益金不算入額	3,040	3,040		
	適格現物分配に係る益金不算入額	4,160		※	4,160

㋩　別表五㈠

交換損益のうち4,160千円と受取配当金（みなし配当）は同じ益金であり、別表四での処理は項目の振替であるため相殺し、残り3,040千円のうち100千円はＳ株式の減額処理Aを、2,940千円は損益ではなく資本金等とすべき部分であるため利益積立金額の減額処理Bを行うとともに、同額の資本金等の額の増加処理Cを行います。

別表五㈠Ⅰ．利益積立金額の計算に関する明細書　（単位：千円）

区分	期首現在利益積立金額	当期の増減		差引翌期首現在利益積立金額
		減	増	
	①	②	③	④
利益準備金				
S株式			A △100	△100
資本金等の額			B △2,940	△2,940
繰越損益金			7,200	

※　繰越損益金③欄には会社が計上した交換損益7,200千円が含まれており、Aと Bの合計3,040千円との差額4,160千円は税務上の仕訳における益金（みなし配当）と一致します。

別表五㈠Ⅱ．資本金等の額の計算に関する明細書　（単位：千円）

区分	期首現在資本金等の額	当期の増減		差引翌期首現在資本金等の額
		減	増	
	①	②	③	④
資本金又は出資金				
資本準備金				
その他資本剰余金				
利益積立金額			C 2,940	2,940
差引合計額			2,940	

2,940千円の増加
【税務上の仕訳と一致】

なるほど！プラス：支配関係が５年以内に生じている場合の注意点（法法62の７）

一定の組織再編成が実施された場合において、その組織再編成の当事者法人における支配関係が５年以内に生じている場合には、特定資産譲渡等損失額についての制限規定と繰越欠損金に関する制限規定が設けられています。

１．特定資産譲渡等損失額の損金不算入（法法62条の７）

(1)　概要

特定適格組織再編成等[1]の場合には、資産が帳簿価額により引き継がれるため、引継ぎ資産に含み損があるときは含み損も引き継がれることとなります。

合併法人等がこれらの資産（特定引継資産[2]）を譲渡等した場合に合併法人において含み損が実現しますが、これを無条件に損金算入すると租税回避行為に利用される可能性があるため、一定の場合には特定引継資産に係る特定資産譲渡等損失額は損金不算入となります。

(2)　適用要件

内国法人と支配関係法人との間で、その内国法人を合併法人等とする特定適格組織再編成等が行われた場合において、その支配関係が特定適格組織再編成等が行われた事業年度開始の日の５年前の日（又は設立日のいずれか遅い日）後に発生していること。

(3)　適用期間

特定適格組織再編成等が行われた事業年度開始の日から同日以後３年を経過する日までの期間に行われた譲渡等（ただし、最後に支配関係があることとなった日から５年を経過する日まで）

1　適格合併・適格分割・適格現物出資・適格現物分配のうち共同で事業を行うための適格組織再編成等に該当しないもの及び非適格合併のうちグループ法人税制における譲渡損益調整資産の適用を受けるものをいいます。

2　支配関係法人から特定適格組織再編成等により移転を受けた資産で、支配関係法人が支配関係発生事業年度開始日前から有していたもので一定のものをいいます。

〈支配関係発生日が５年前の日以前：制限なし〉

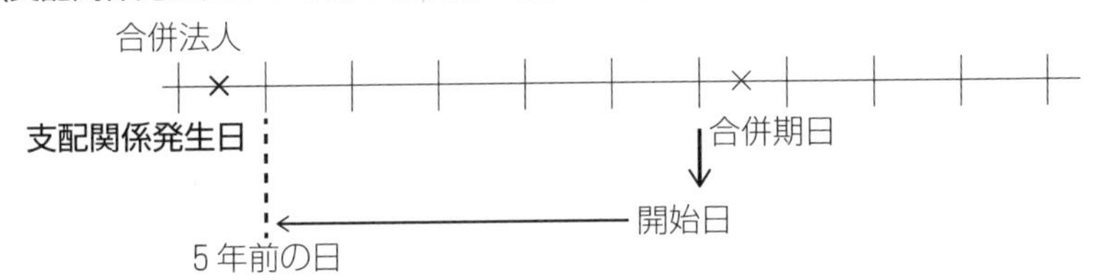

〈支配関係発生日が５年前の日後：制限あり〉

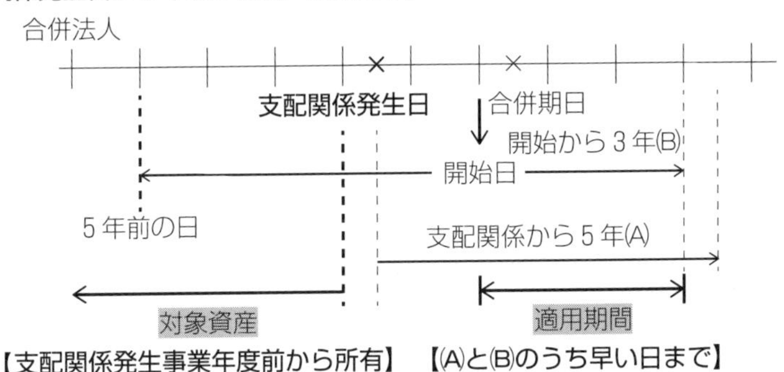

⑷　損金不算入額

次の金額の合計額が特定資産譲渡等損失額の損金不算入額となります。

①　特定引継資産の譲渡等による損失の額の合計額から特定引継資産の譲渡又は評価換えによる利益の額を控除した金額

②　特定保有資産[3]の譲渡等による損失の額の合計額から特定引継資産の譲渡又は評価換えによる利益の額を控除した金額

2．繰越欠損金の制限

⑴　引継ぎが制限される場合（法法57③、法令112③④、法令113）

被合併法人等が未処理欠損金額を有する場合であっても、次の①～③のいずれにも該当しない場合には、その未処理欠損金額は合併法人等に引き継ぐこと

3　合併等法人が支配関係発生日の属する事業年度開始日前から有していた資産で一定のものをいいます。

ができません。

①　適格合併等が共同事業要件を満たす場合

②　支配関係が適格合併等の日の属する事業年度開始の日の5年前の日（又は設立日のいずれか遅い日）以前に発生している場合

〈支配関係発生日が5年前の日以前：繰越欠損金の引継ぎに関する制限なし〉

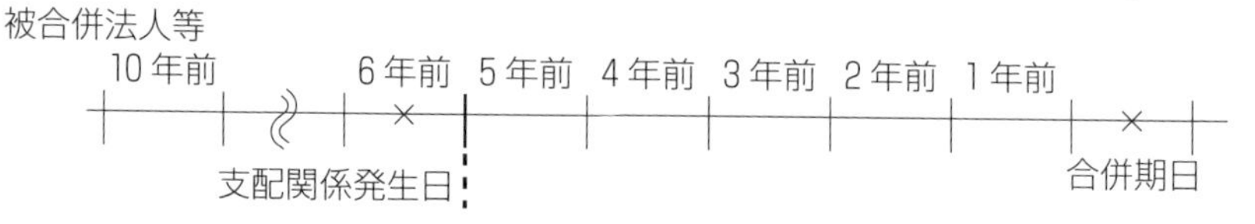

〈支配関係発生日が5年前の日後：①又は③の要件を確認〉

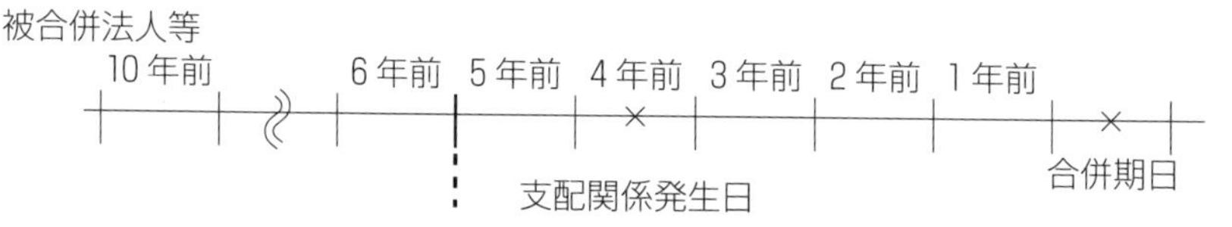

③　被合併法人等の支配関係事業年度の前事業年度終了の時における時価純資産価額が簿価純資産価額以上である場合で、その超過額が支配関係事業年度開始の日前10年以内に開始した各事業年度において生じた欠損金額の合計額（支配関係前未処理欠損金額）以上であるとき

（算式にすると）

時価純資産価額－簿価純資産価額＝時価純資産超過額

時価純資産超過額≧支配関係前未処理欠損金額

⑵ 引継ぎが制限される金額（法法57③、法令112⑤）

被合併法人等の未処理欠損金額から次の金額の合計額が控除されます。

① 被合併法人等の支配関係事業年度前の事業年度に係る未処理欠損金額

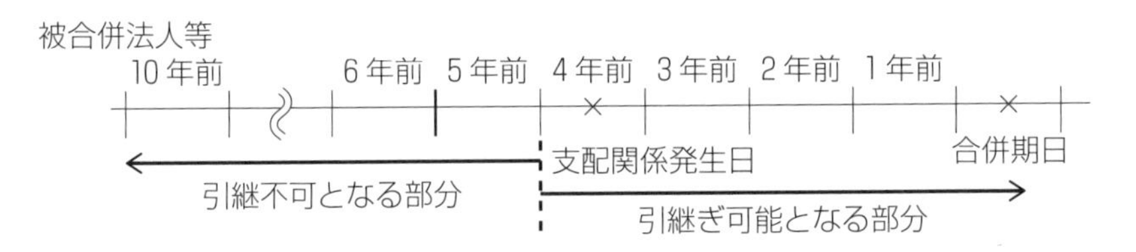

② 被合併法人等の支配関係事業年度以後の事業年度に係る未処理欠損金額のうち特定資産譲渡等損失相当額からなる部分の金額

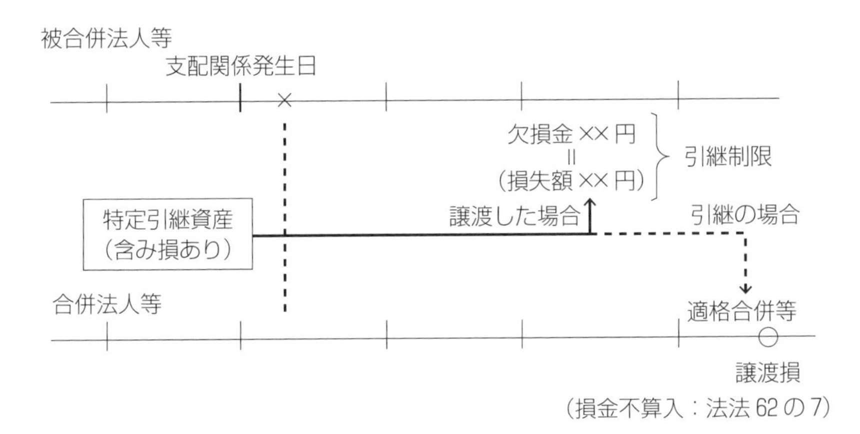

なお、合併法人等が有する繰越欠損金額についても「被合併法人から含み益のある資産を適格合併により引き継ぎ、含み益を実現させて欠損金額を使用する」ことに一定の制限が設けられています。

逆引き目次

財務戦略

組織再編

※本書では割愛しています。

タックスプランニング

※本書では割愛しています。

著者紹介

税理士　武智　寛幸（たけち　ひろゆき）

平成12年　大原簿記専門学校 法人税法専任講師

平成18年　税理士登録

平成19年　武智税理士事務所開業

平成23年　近畿税理士会 調査研究部員（～令和元年）

令和３年　近畿税理士会 北支部副支部長（～令和５年）

令和４年　近畿税理士会「税法実務講座」講師：法人税担当（～令和６年）

税理士　村井　淳一（むらい　じゅんいち）

昭和60年　大阪国税局採用、大阪国税局管内税務署、大阪国税局法人税課、国税庁審理室等を経て平成10年７月退職

平成10年　税理士登録

平成16年　京都大学大学院法学研究科（修士課程）修了 近畿税理士会 調査研究部員、調査研究部専門委員、研修部員を歴任、近畿税務研究センター副所長（現職）

税理士　土師　秀作（はぜ　しゅうさく）

平成10年　大阪府立大学経済学部経済学研究科（修士課程）修了

平成17年　税理士登録

平成26年　土師秀作税理士事務所開設

平成27年　近畿税理士会 調査研究部員（～令和元年）

令和元年　近畿税理士会 調査研究部副部長（～令和５年）

令和５年　近畿税理士会 調査研究部員（～現在）

税理士　西山　卓（にしやま　たく）

平成14年　大原簿記専門学校 法人税法専任講師

平成18年　大原簿記専門学校所得税法専任講師

平成22年　テントゥーワン税理士法人

平成23年　掛川雅仁税理士事務所

平成28年　西山税務会計事務所開設（～現在）

本書の内容に関するご質問は、税務研究会ホームページのお問い合わせフォーム（https://www.zeiken.co.jp/contact/request/）よりお願いいたします。なお、個別のご相談は受け付けておりません。

本書刊行後に追加・修正事項がある場合は、随時、当社のホームページ（https://www.zeiken.co.jp/）にてお知らせいたします。

なるほど！　純資産の部

令和６年６月10日　初版第１刷発行
令和６年10月30日　初版第２刷発行

（著者承認検印省略）

発行所　税務研究会出版局
代表者　山根毅
郵便番号 100-0005
東京都千代田区丸の内 1-8-2 鉄鋼ビルディング
https://www.zeiken.co.jp/

乱丁・落丁の場合は、お取替え致します。　印刷・製本　東日本印刷株式会社

ISBN 978-4-7931-2808-0